RAID
40 ans d'action

GUILLAUME FARDE

RAID
40 ANS D'ACTION

éditions du
ROCHER

Éditions du Rocher
28 rue Comte Félix Gastaldi
BP 521 – 98015 Monaco

www.editionsdurocher.fr

ISBN 978-2-268-11244-2

À toutes les femmes et à tous les hommes du RAID,
à celles et ceux qui les aiment et qui les soutiennent dans l'ombre,
à celles et ceux qui ne sont plus là mais dont le souvenir les accompagne,
à celles et ceux qui continuent fièrement de porter l'héritage,
et enfin à celles et ceux qui, demain, rejoindront cette grande famille.

POLICE NATIONALE

RAID

AVANT-PROPOS

Contrairement à celles et ceux mis à l'honneur dans ce livre anniversaire, je ne suis pas policier, encore moins membre du RAID. Je ne suis qu'un témoin extérieur, un observateur attentif et un commentateur des actions de ces femmes et de ces hommes d'exception qui ont, un jour, revêtu la tenue noire de cette unité d'élite.
Mon premier souvenir du RAID remonte à 1993, lors de la prise d'otages de l'école maternelle de Neuilly. J'avais huit ans. Le RAID aussi. Comme toute la France, j'étais devant le journal de 20 heures, et je garde intactes les images de ces hommes cagoulés aux silhouettes mystérieuses, dont certains portaient dans leurs bras les enfants qu'ils venaient de délivrer. À cet âge, je comprenais instinctivement que le RAID n'était pas une unité de police ordinaire.
Comment imaginer, à cette époque, que le petit garçon ébahi devant sa télévision raconterait l'histoire de ces héros discrets trente-deux ans plus tard ? Fils d'enseignant, natif de la Provence rurale, rien ne me reliait *a priori* à la Police nationale. La vie m'a toutefois poussé à consacrer mes études, puis ma carrière universitaire et médiatique, à éclairer les coulisses des questions de sécurité intérieure. À la place qui est la mienne, je me suis toujours attaché à expliquer ce que ces hommes et femmes accomplissent dans l'ombre, avec discrétion et avec modestie. Mon but est de raconter, de partager, d'éclairer pour mieux faire connaître leur mission au grand public.
La première fois que j'ai franchi les portes du RAID, c'était en 2010. Je dois cette visite à Gérard Zerbi. Je l'avais connu quelques années auparavant grâce à Civipol, dont la directrice générale déléguée, Nathalie Félines, fait partie de mes amis les plus proches. Gérard Zerbi, dit « le grand Z », avait une personnalité fascinante, déroutante même. Je le revois encore me conduire à toute allure vers Bièvres, baissant ostensiblement le pare-soleil marqué « police » pour emprunter impunément les couloirs de bus. À l'époque, cela me faisait rire. Depuis qu'il n'est plus là, ce souvenir avec lui reste l'un des plus précieux qu'il m'a laissés.
En passant la grille à Bièvres ce jour-là, j'ai ressenti une émotion que je ne peux oublier. Bièvres n'est pas simplement un lieu où se préparent des interventions de police. C'est un endroit où le poids de l'histoire s'éprouve, se ressent et saisit le visiteur. À 25 ans, quand vous en franchissez les

grilles pour la première fois, vous éprouvez de l'humilité. Vous vous sentez tout petit. Vous essayez de ne pas gêner. Vous vous rendez immédiatement compte que vous ne pénétrez pas un lieu ordinaire, mais un espace où quelque chose de plus grand vous précède, vous dépasse, et se perpétuera bien après vous.

Depuis ce matin d'hiver 2010, je suis revenu à Bièvres des dizaines et des dizaines de fois. Et, à chaque visite, la même émotion. Intacte. Le RAID est à la fois un laboratoire et un sanctuaire. On y voit ce qui évolue, bien sûr, mais aussi, et surtout, ce qui reste immuable : la solidarité, la rigueur, la loyauté, la culture de l'excellence.

Au fil des années, le RAID m'a offert des rencontres inestimables et des mentors exceptionnels. Après Gérard Zerbi, Jean-Louis Fiamenghi m'a pris sous son aile. Dans son sillage, Ange Mancini et Christian Lambert, chacun à leur manière, m'ont témoigné une confiance dont je mesure chaque jour la portée. Amaury de Hauteclocque, Jean-Michel Fauvergue et Guillaume Cardy sont des interlocuteurs réguliers, tandis que Jean-Baptiste Dulion est devenu un ami.

Avec le recul, rien ne me prédestinait à écrire ce livre. Si j'ai l'honneur de le signer, c'est parce qu'ils m'ont tous fait confiance. Et cela m'oblige. Dans les pages qui suivent, il y a donc un peu de moi-même, car désormais il y a aussi un peu de RAID en moi.

J'espère que ces pages tiendront leurs promesses et qu'elles feront ressentir au lecteur un peu de l'âme de cette unité exceptionnelle qu'est le RAID.

Guillaume Farde, mai 2025

E02
RAID

Deux hommes, une même vision, un destin commun : Robert Broussard et Ange Mancini ont imaginé le RAID. Ensemble, ils ont façonné cette unité d'élite, vitrine de la Police nationale.

Robert Broussard, Ange Mancini et Philippe Delafosse, adjoint d'Ange Mancini lorsque ce dernier était chef du RAID (de gauche à droite).

INTRODUCTION

ILS ONT CRÉÉ LE RAID

Au début des années 1980, la France traverse une période particulièrement tourmentée, marquée par la montée inquiétante du grand banditisme et les premières secousses du terrorisme international. L'idée de créer une unité de police spécialisée, à même de gérer des crises de haute intensité sur l'ensemble du territoire, trouve ses origines quelque temps auparavant, dans un contexte peu connu. Nous sommes en Corse. Robert Broussard et Ange Mancini, deux figures emblématiques de la police judiciaire, sont attablés autour d'un dîner devenu rituel. Ils sont affectés sur l'île depuis un moment déjà et, comme le dit Ange Mancini avec son style inimitable : « On s'emmerde, alors on passe notre temps à bouffer. » Entre deux éclats de rire et quelques anecdotes dont eux seuls ont le secret, la discussion dérive peu à peu vers le gang des postiches, le terroriste Carlos et Action directe.

Qu'importe si la soirée est arrosée ou non, la légende retient surtout que c'est sur cette terre corse, entre mer et montagne, que ces deux monstres sacrés de la police prennent pleinement conscience de la nécessité d'une unité spécialisée, capable de réagir vite, fort, partout et tout le temps. Ce soir-là, Robert Broussard et Ange Mancini tracent ensemble les premiers contours d'un groupe d'intervention national qui n'existe encore que dans leurs pensées. Mais l'idée vient de naître. Le RAID est imaginé, et c'est en terre corse qu'il prend racine.

Peu de temps après, lorsque Robert Broussard rejoint le cabinet du directeur général de la Police nationale, il suggère immédiatement l'idée à Pierre Joxe, ministre de l'Intérieur fraîchement nommé. Ancien patron emblématique de la Brigade de recherche et d'intervention (BRI) de la préfecture de police de Paris – l'« Antigang », pour reprendre le surnom de l'époque –, Robert Broussard est une des grandes figures du mythique 36 quai des Orfèvres. En 1984, il bénéficie déjà d'une solide réputation dans les milieux policiers et judiciaires, et les Français reconnaissent entre mille son inimitable collier de barbe, autant qu'ils saluent son rôle décisif dans la neutralisation du criminel Jacques Mesrine.

Afin de définir clairement les contours de cette nouvelle unité, Robert Broussard reste en contact étroit avec Ange Mancini, son complice de toujours, et s'appuie sur Christian Lambert, venu le rejoindre au cabinet du directeur général de la Police nationale. Leur réflexion aboutit rapidement à l'idée que le futur « GIPN national », comme on disait alors, devait prêter assistance aux autres services de police dès l'instant où les moyens conventionnels ne suffiraient plus, tout en ayant une spécialisation marquée dans la lutte contre le terrorisme.

À cette période, Paris dispose d'une BRI depuis 1964, médiatisée par ses interventions contre des braqueurs particulièrement violents, comme ceux du gang des postiches. Parallèlement, en réaction directe aux attentats meurtriers des Jeux olympiques de Munich en 1972, la préfecture de police met sur pied, dès le mois d'octobre de la même année, une brigade anti-commando spécifiquement pensée pour intervenir rapidement en cas de prise d'otages ou d'attaque armée dans la capitale. Constituée de tireurs accomplis, d'inspecteurs chevronnés et d'experts en sports de combat, la BRI – y compris dans sa configuration anti-commando – n'est toutefois pas une unité à compétence nationale, même s'il lui arrive de se projeter au-delà de la plaque francilienne.

En région, la réponse opérationnelle passe par les Groupes d'intervention de la Police nationale (GIPN). Le premier est créé à Marseille, et d'autres suivent rapidement dans les grandes villes. Bien que très compétentes, ces unités de petite taille (une vingtaine d'hommes en moyenne chacune) ne disposent pas d'une capacité suffisante pour répondre de façon coordonnée à des crises complexes et simultanées sur l'ensemble du territoire national.

Enfin, depuis 1974, la Gendarmerie nationale dispose du Groupe d'intervention de la Gendarmerie nationale (GIGN), une unité d'élite particulièrement efficace, basée initialement à Maisons-Alfort avant de déménager à Satory, près de Versailles. Le GIGN a rapidement acquis une réputation internationale, notamment lors de la libération spectaculaire d'otages à Djibouti en 1976, puis lors de l'opération menée à La Mecque en 1979, où plusieurs militaires de l'unité assistent et conseillent les forces saoudiennes.

Dans ce contexte, la nécessité d'une autre unité d'intervention à compétence nationale n'est pas communément admise. Les GIPN résistent à l'idée. Quant à la BRI de Paris, le poids politique du préfet de police de l'époque ainsi que sa popularité dans l'opinion empêchent

qu'on la dépossède de certaines de ses missions.
Cependant, l'évolution rapide des menaces terroristes intérieures – comme les séparatismes corse ou basque, et internationales, en raison des tensions au Proche-Orient – impose de renforcer les métiers de l'intervention. À l'époque, la Gendarmerie nationale relève encore du ministère de la Défense et, pour Pierre Joxe, disposer d'une unité centrale au sein de la Police nationale, sous tutelle directe du ministère de l'Intérieur, présente un intérêt tant stratégique que politique.
Le ministre lance donc ce projet ambitieux. Chef de son cabinet, François Rebsamen dîne avec d'autres conseillers dans un restaurant italien, *La Toscana*, situé rue de Ponthieu, à Paris. Au cours du repas, les noms fusent : « FIRST », dit l'un. « Trop américain », dit l'autre. Autour de la grande table, le journaliste Jean-Loup Reverier a l'idée de l'acronyme « RAID », pour Recherche, Assistance, Intervention, Dissuasion. Le nom ne séduit pas Pierre Joxe en première intention, plus coutumier des acronymes difficilement prononçables où le P de police figure en bonne place. En habile manœuvrier, Ange Mancini convainc progressivement l'entourage de ce ministre ombrageux que le nom RAID, clair, percutant et immédiatement identifiable, illustre parfaitement l'esprit de ce nouveau service d'élite.
C'est donc RAID. Reste à décider qui sera le premier chef. Ange Mancini est candidat. Mais il n'est pas seul en lice. Pierre Joxe hésite entre plusieurs profils solides. Les candidats les plus sérieux passent entre ses mains pour un entretien décisif. Pour Ange Mancini, l'entretien consiste en une promenade singulière, presque philosophique, dans les jardins du ministère, place Beauvau. Quarante-cinq minutes durant lesquelles les deux hommes échangent sous les arbres, comme des péripatéticiens modernes, discutant non pas de métaphysique mais d'intervention et de sécurité nationale. Ange Mancini s'est soigneusement préparé. Il expose sa vision avec détermination : il envisage le futur RAID comme une unité composée d'opérateurs venus de tous les corps, de toutes les fonctions et de tous les grades de la Police nationale, rassemblés autour d'un esprit unique, d'une identité forte et cohérente. Au bout de dix minutes d'un monologue passionné, le ministre marque une pause, scrute son interlocuteur et lâche froidement : « Et alors ? » Ange Mancini ne sait pas quoi penser de cette interjection. Mais, dans tous les cas, l'entretien est réussi. Quelques jours plus tard, Pierre Joxe tranche : Ange Mancini devient le tout premier patron du RAID.

À gauche, Ange Mancini, à sa droite, Pierre Joxe, en visite au RAID où il se fait présenter de l'armement.

Pour l'emblème de l'unité, la panthère noire n'est pas choisie au hasard. Ange Mancini cherche un animal qui incarne à la fois l'élégance, la force, et la discrétion. Si le tigre est envisagé au départ, ses rayures ne rendent pas l'image assez nette. C'est finalement une panthère, repérée sur un vase grec, qui fait consensus. Cette panthère noire, sobre, puissante mais jamais agressive, symbolise parfaitement l'esprit du RAID : l'efficacité discrète et déterminée. En clin d'œil au slogan présidentiel de François Mitterrand, « La force tranquille », le RAID s'est un peu bâti le sien, « La panthère tranquille », en une image.

Après avoir trouvé un nom et un emblème, il reste à recruter les premiers opérateurs. Lorsque le télégramme paraît, ils sont 1 200 à se porter candidats. Pour n'en retenir finalement que 80, Ange Mancini a des critères bien précis. « Humilité et humour », dit-il encore aujourd'hui en repensant à cette époque. Il est vrai que les premiers à revêtir un bleu de travail emprunté aux CRS, avec l'acronyme RAID cousu à la hâte sur la poitrine, ne manquent pas de second degré. Mais ce n'est évidemment pas là leur unique qualité. La stabilité émotionnelle est centrale, déjà à l'époque : « Ils sont *borderline* mais très conscients de l'être », confie Ange Mancini dans un éclat de rire. Les pionniers sont réunis, l'aventure peut démarrer.

La première mission ne tarde pas : dès novembre 1985, le RAID sécurise le déplacement du président François Mitterrand aux Antilles, dans un contexte où la crainte d'actes extrémistes des indépendantistes justifie le renforcement de la protection rapprochée du chef de l'État. Mais c'est véritablement lors de la prise d'otages du palais de justice de Nantes, le 19 décembre 1985, que l'unité impose définitivement son sérieux et son efficacité. Pendant trente-six heures, le braqueur Georges Courtois et un complice retiennent les magistrats, les jurés et l'assistance en otages. Robert Broussard et Ange Mancini dirigent personnellement l'opération, combinant négociation rusée et tactique opérationnelle. Au bilan, Georges Courtois et son complice tentent une sortie vers l'aéroport, mais sont appréhendés sans violence.

Pour le grand public, le RAID a une raison d'être : il résout les crises avec maîtrise et, s'il le peut, en négociant. Pour le ministre, cette première intervention métropolitaine révèle toute la pertinence d'une unité nationale telle que le RAID, capable d'intervenir partout, à tout moment, avec des moyens adéquats et une doctrine homogène. L'unité lui survit. Et quel destin !

Depuis cette époque des pionniers, le RAID est devenu incontournable dans la lutte contre le terrorisme et les crises majeures en France, si bien que quarante ans après sa création, l'unité demeure une référence nationale et internationale. Aujourd'hui encore, le RAID continue de « Servir sans faillir », selon sa devise emblématique, symbole de l'excellence opérationnelle et du courage des femmes et des hommes qui le composent. Ce livre anniversaire raconte son histoire.

À gauche, Robert Paturel, à côté de lui, Joe Slockyj, lors d'une Rencontre Internationale des Groupes d'Intervention (RIGI) à Cannes-Écluse en 1991.

POLICE NATIONALE

RAID

CHAPITRE 1

Bièvres, le quartier général

Derrière les grilles du domaine de Bel Air : le quartier général du RAID. Un lieu mythique où s'écrit chaque jour la légende des hommes et des femmes en noir.

Le domaine de Bel Air, début du XXe siècle.

Le château de Bel-Air, situé sur la paisible commune de Bièvres, en Essonne, est bien plus qu'une élégante bâtisse du XVIIe siècle : il est le cœur de péripéties historiques lors desquelles, à travers les âges, le caractère stratégique de son emplacement n'a jamais été démenti.
Tout commence sous le règne de Louis XIV, lorsque Louise de La Vallière, première grande favorite du Roi-Soleil, décide d'y faire bâtir une résidence à la fois sobre et raffinée. Symbole discret des nombreuses marques d'affection et des générosités du roi envers la femme que l'histoire retient comme « celle qui aima le roi et non la royauté », ce château se distingue par son architecture classique et épurée. Avec sa forme rectangulaire, ses fenêtres hautes, ses perrons imposants sur les deux façades et son toit d'ardoises percé par des lucarnes, le domaine de Bel-Air incarne l'élégance sobre du Grand Siècle.

À cette époque, une route parfaitement rectiligne relie directement le domaine à Versailles, témoignant d'un lien privilégié avec la cour. Aujourd'hui encore, les vestiges de l'entrée du parc apportent une touche classique à cet ancien lieu de plaisirs royaux.
Au début du XVIIIe siècle, le château change de main et devient propriété de Georges Mareschal, premier chirurgien de Louis XIV, un homme respecté et influent à la cour. Après sa mort, ses héritiers vendent progressivement des terres et, en 1777, une partie du domaine devient la propriété de monsieur Blacque. En 1807, Louis Godard de Plancy, figure notable de Bièvres, rachète le domaine aux héritiers Blacque, et entreprend de l'agrandir en acquérant un bois, des champs et des terres avoisinantes, notamment celles de La Bretonnière et du Chêne-Gourd.
Sous son impulsion, le domaine atteint, à partir de 1810, une superficie conséquente de 36 arpents, comprenant de vastes espaces boisés, des terres agricoles, des pâturages et même une mare. Le château est alors entouré de bâtiments annexes, d'un jardin d'agrément et d'un potager. En 1820, les acquisitions successives permettent à Louis Godard de Plancy de porter le domaine à 39 arpents. Impliqué activement dans la vie locale, il devient membre respecté du conseil municipal de Bièvres. Après le décès de son épouse en 1859, Louis Godard conserve le domaine Bel-Air jusqu'en 1866, année où Jean-Baptiste Louis Hypolite Textoris devient le nouveau maître des lieux.
L'histoire est ensuite plus tumultueuse. En 1870-1871, durant la guerre franco-prussienne, le château est réquisitionné par l'armée ennemie et sert de quartier général aux Prussiens. Le lieu est pillé,

et de précieuses œuvres, notamment des Fragonard, disparaissent à jamais.

Sous la IIIe République, en 1889, madame la veuve Textoris cède le château à monsieur et madame de Gargan, qui le lèguent à leur tour aux Missions étrangères de Paris. Ainsi débute une nouvelle vie pour le domaine, transformé en un séminaire destiné à la formation des prêtres missionnaires. Cette période apporte au château une dimension spirituelle encore perceptible aujourd'hui.

En 1940, les affres du monde contemporain rattrapent à nouveau le domaine : durant la Seconde Guerre mondiale, le séminaire est réquisitionné successivement par l'armée française, puis par les forces allemandes, et enfin par les troupes américaines jusqu'en 1946. Ces occupations militaires successives témoignent de l'emplacement stratégique et central du domaine, positionné aux portes de Paris, à proximité immédiate des axes routiers et des aéroports.

En 1982, le ministère de l'Intérieur envisage d'acquérir le domaine de Bel-Air. Deux ans plus tard, en 1984, l'acquisition se concrétise, ouvrant une nouvelle page de l'histoire du château. Initialement, le domaine est destiné à l'accueil de deux compagnies républicaines de sécurité, la CRS n° 8 et la CRS n° 61. Mais Pierre Joxe, de retour d'une visite du GIGN, en décide autrement. D'ordinaire peu expressif, il laisse entrevoir à Robert Broussard et Christian Lambert, présents le jour de sa découverte des lieux, que c'est finalement le RAID, unité d'élite de la Police nationale tout juste créée, qui s'y installera aux côtés de la CRS n° 8.

À cette époque, le domaine de Bel-Air est particulièrement isolé, à l'écart des agitations urbaines et les routes qui y mènent ne sont même pas goudronnées. La proximité de l'aérodrome de Vélizy-Villacoublay est toutefois décisive dans la sélection du site, dans la mesure où elle permet au RAID de disposer d'un accès rapide aux moyens aériens indispensables à sa projection sur l'ensemble du territoire national et à l'étranger.

Premier chef du RAID, Ange Mancini conçoit Bièvres non pas comme un lieu de retranchement, mais bien comme un quartier général ouvert sur le monde extérieur. Pour lui, il était essentiel que les policiers d'élite ne vivent pas en vase clos, qu'ils habitent chez eux avec leur famille et qu'ils restent pleinement connectés à la réalité de la société, qu'ils ont fait le serment de protéger.

Le château de Bel-Air est ce témoin vivant, vibrant et élégant, de plusieurs siècles d'histoire de France. Aujourd'hui, le château abrite toujours le commandement de la CRS n° 8, tandis que la

chambre historique de la duchesse de La Vallière est devenue le bureau du commandant. Le vaste parc, habité par des daims peu farouches, participe, lui aussi, à l'identité du site.
Le domaine de Bel-Air joue aujourd'hui un rôle crucial dans la sécurité nationale.

Sobre et discret, l'immeuble principal dégage une aura singulière, profondément marquée par le poids des événements vécus en son sein, par l'intensité des opérations menées depuis ses murs et par l'âme des hommes et des femmes qui ont forgé son identité au fil des années. À l'intérieur du bâtiment principal, une porte d'entrée discrète ouvre sur un escalier légendaire pour quiconque a servi au sein de l'unité. Véritable colonne vertébrale du bâtiment, chaque marche gravie évoque une étape marquante du RAID, racontée par une succession de photographies emblématiques accrochées aux murs. Parmi ces clichés, sur lesquels ne manquent pas de s'attarder les visiteurs, une image insolite attire particulièrement l'attention : les hommes du RAID y posent fièrement aux côtés d'une panthère aux yeux verts, célèbre égérie d'une publicité pour la peinture Dulux Valentine, symbolisant les valeurs de l'unité, entre puissance et maîtrise.

Au sommet de l'escalier, sur la gauche, les groupes d'intervention disposent chacun d'une salle de repos, conçue comme un espace de vie accueillant où règne une atmosphère chaleureuse malgré le sérieux

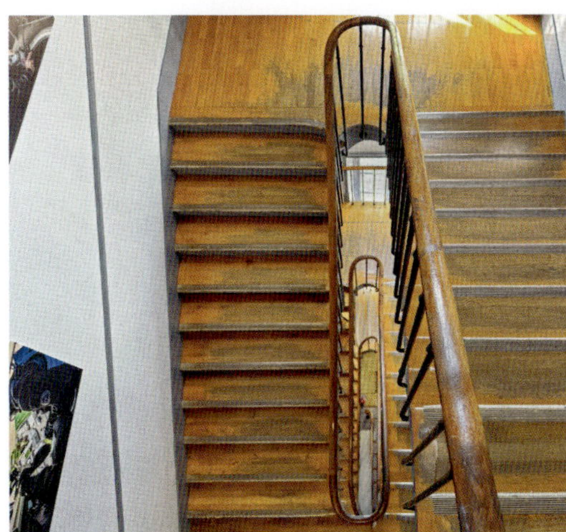

des missions. Chaque groupe y imprime une identité forte et singulière : un bar au style Forces spéciales chez le groupe 4, une ambiance plus feutrée pour le groupe 1. Sur les murs, des fresques illustrent leur histoire et leurs couleurs et témoignent d'un fort sentiment d'appartenance. À droite, à quelques pas, se trouve le bureau des secrétaires qui côtoie ceux des chefs opérationnels, les numéros 1, 2 et 3 du RAID. Leur indicatif radio étant « Laser », ils sont familièrement surnommés L1, L2 et L3.

Depuis le vestibule de l'escalier, une porte en bois située au fond s'ouvre sur un couloir discret menant, sur la droite, à un lieu inattendu : l'ancienne chapelle du domaine, aujourd'hui transformée en salle de sport. Au mur, un immense logo du RAID surplombe un ring de boxe, sport emblématique au sein de l'unité. Des appareils de musculation complètent cet espace insolite, où le sport prend une dimension quasi religieuse. En ces lieux, l'exercice physique se vit comme une véritable profession de foi, ce qui fait de cette chapelle réinventée l'un des endroits sans doute les plus emblématiques et les plus singuliers du RAID.

Juste en face de cette chapelle reconvertie, la salle à manger de réception, élégante et solennelle, accueille régulièrement des délégations étrangères, des autorités françaises et des personnalités influentes. Ici, la cuisine, assurée avec un soin particulier par les CRS, est d'une qualité supérieure à celle d'un réfectoire ordinaire. Autour de la grande table, dans une ambiance à la fois conviviale et intimiste, se jouent parfois des discussions stratégiques pour l'unité. À certains égards, ce lieu symbolise parfaitement le double rôle du RAID, unité opérationnelle mais également vecteur d'influence et de rayonnement institutionnel. Les chefs du RAID, habiles manœuvriers dans le monde politique autant que stratèges opérationnels sur le terrain, savent que bien des batailles institutionnelles cruciales se remportent autour d'un déjeuner réussi. Cette salle à manger est ainsi devenue l'un des endroits clés où se construit l'avenir de l'unité, entre convivialité et influence.

À proximité, dans un bâtiment distinct construit il y a vingt ans à l'initiative de Nicolas Sarkozy, alors ministre de l'Intérieur, se trouve le stand de tir du RAID. Livré en 2004, ce bâtiment offre d'excellentes conditions d'entraînement aux policiers du RAID, grâce à des équipements techniques de pointe et une sécurité optimale. Mais ce stand de tir est bien plus qu'un simple lieu d'exercice : c'est également un espace privilégié pour les réceptions et les moments conviviaux qui rythment la vie de l'unité. Chaque dernier vendredi de janvier, il accueille la traditionnelle cérémonie des vœux, événement majeur clôturant la longue séquence des vœux au sein de la Police nationale, ponctuée par le discours rituel du directeur général de la Police nationale. Le stand sert aussi à célébrer les pots de départ et certains banquets familiaux, où collègues et proches se retrouvent pour partager un moment chaleureux et renforcer les liens qui les unissent. Véritable cœur social du RAID, il contribue ainsi activement à l'esprit de corps et à l'identité collective de l'unité.

Inauguration du stand de tir du RAID par Nicolas Sarkozy, alors ministre de l'Intérieur. Au premier plan à gauche, Jean-Louis Fiamenghi, alors chef du RAID.

Séance de tir en tenue lourde pour les opérateurs de la section d'intervention (en noir) et un tireur de haute précision (en vert).

POLICE NATIONALE

RAID

CHAPITRE 2

Les antennes RAID

Depuis ses antennes RAID en métropole et en Outre-mer, le RAID veille sur la patrie partout et tout le temps. Pour cette unité d'élite, le soleil ne se couche jamais.

Inauguration de l'Échelon zonal sud (EZS) qui coordonne les quatre antennes RAID du Sud : Marseille, Montpellier, Nice et Toulouse.

En 1985, la création du RAID n'est pas la première initiative française en matière d'intervention spécialisée, loin de là. Dès 1972, à la suite de la tragédie des Jeux olympiques de Munich où des athlètes israéliens ont été pris en otages puis assassinés par des terroristes palestiniens, les autorités françaises décident de se doter d'unités spécialement entraînées pour faire face à ces crises de très haute intensité. C'est ainsi que naissent les Groupes d'intervention de la Police nationale (GIPN), dont le premier est fondé à Marseille par le charismatique commissaire divisionnaire Georges Nguyen Van Loc, surnommé « Le Chinois ». Historiquement, la création du premier GIPN devance donc celle du GIGN en 1974 et celle du RAID lui-même, en 1985. Ces précurseurs, dédiés aux interventions les plus complexes, maillent progressivement le territoire national. En 1985, au moment où le RAID voit le jour, la France compte déjà sept GIPN en métropole, implantés stratégiquement à Bordeaux, Lille, Lyon, Marseille, Nice, Rennes et Strasbourg. Ce dispositif est complété par la création des GIPN de La Réunion et de Nouvelle-Calédonie en 1992-1993, ainsi que le groupe Antilles-Guyane en 2007. Les GIPN, dirigés par des officiers expérimentés secondés par des gradés aguerris, bénéficient d'une autonomie opérationnelle, tout en relevant directement de la Direction générale de la Police nationale.

Dans les années 2000, plusieurs projets d'intégration des GIPN au sein du RAID émergent, visant à unifier les capacités d'intervention de la Police nationale sous une seule bannière, mais aucun ne se concrétise véritablement. Il faudra attendre les attentats terroristes de 2015 pour accélérer cette restructuration décisive : la nécessité impérieuse de raccourcir les délais d'intervention en cas de crise pousse alors les autorités à densifier et à rationaliser le maillage territorial. Les sept GIPN existant en métropole deviennent officiellement des antennes du RAID, ce qui élargit considérablement la capacité de projection nationale de l'unité. En 2016, la publication du Schéma national d'intervention (SNI) précise et étend l'emprise encore géographique du RAID en France métropolitaine et en outre-mer : trois antennes supplémentaires sont créées à Montpellier, Toulouse et Nancy.

Dans les territoires ultramarins, le mouvement de rattachement des GIPN au RAID s'opère progressivement : en Nouvelle-Calédonie dès 2018, à La Réunion et en Guadeloupe en 2019. Enfin, en Martinique et en Guyane en 2022, puis à Mayotte en 2023, trois antennes sont créées. Cette transition marque définitivement l'unification et la cohérence du dispositif national d'intervention sous une même identité.

Aujourd'hui, le RAID et ses antennes forment ainsi un réseau homogène et réactif capable d'intervenir rapidement sur tout le territoire national, qu'il soit métropolitain ou ultramarin. Héritières de la longue tradition des GIPN, les antennes RAID assurent désormais, dans une parfaite continuité opérationnelle, une couverture territoriale complète face aux menaces les plus diverses, et contribuent ainsi à renforcer la sécurité et la réactivité du pays.

Armurerie de l'antenne de Nancy avec tout l'équipement d'intervention : gilet et casque lourds, ceinturon, armement.

Armurerie, Nancy.

Salle de sport typique au RAID avec au centre un ring de boxe.

L'un des véhicules blindés du RAID : le PVP, pour Petit véhicule protégé.

POLICE NATIONALE

RAID

CHAPITRE 3

Les spécialités du RAID

Dès la création du RAID, la philosophie portée par Ange Mancini, son premier chef emblématique, repose sur une idée claire : chaque opérateur suit une formation généraliste puis, selon ses domaines d'excellence, y agrège une ou plusieurs spécialités. Varappe, tir de précision, explosifs, négociation... Il faut des spécialistes dans tous les domaines, afin que l'ensemble forme un tout cohérent et efficace.

LE CHEF DU RAID

Le rôle essentiel du chef ne consiste pas à être le meilleur dans chaque domaine, mais plutôt à être un ensemblier, un véritable chef d'orchestre, capable d'agréger harmonieusement ces compétences variées pour créer une unité d'intervention la plus complète possible. Au quotidien, le chef du RAID doit aller chercher les moyens nécessaires au bon fonctionnement de son unité, réfléchir à la stratégie à long terme, gérer la communication et assurer les interactions avec la Direction générale de la Police nationale (DGPN).

Mais là où les hommes du RAID attendent particulièrement leur chef, c'est lors des interventions. C'est dans ces moments critiques que se révèlent pleinement leurs capacités décisionnelles : choix des explosifs, libération d'un chien démuselé, ou encore décision d'une ouverture du feu pour permettre la neutralisation par les tireurs d'élite dits « Oméga ». Sur place, le chef est aussi l'interface directe avec les autorités administratives, judiciaires et politiques. Il doit expliquer ses choix avec clarté, tout en protégeant ses opérateurs des pressions extérieures.

Un chef du RAID doit être capable d'affirmer son autorité et, si nécessaire, savoir dire non à un ministre, ou défendre une position face à un préfet ou à un procureur, même si cette détermination peut lui coûter son poste. Son rôle est aussi d'être force de conseil auprès de ces autorités. C'est précisément ce qu'attendent de lui les hommes du RAID : qu'il tranche et qu'il assume. Sans ces qualités essentielles, les chefs ne seraient que de « simples » commissaires de police, jamais des « patrons », comme les appellent les hommes du RAID avec respect.

Même s'ils peuvent participer aux entraînements de leurs hommes, en parachutisme, en plongée ou au tir, les chefs du RAID ne doivent jamais constituer un poids en opération. Ils doivent au contraire être en mesure d'agir efficacement en cas de rupture de la normalité. Le L1 n'est pas un « camarade », c'est avant tout un chef. Cependant, une véritable proximité humaine se construit entre lui et les opérateurs : il partage avec eux les joies, les peines, les tensions et les désillusions. Car, au-delà d'une unité d'élite, le RAID est une famille où chacun occupe une place précise.

Cette approche, très moderne à l'époque et résolument visionnaire, explique en grande partie l'efficacité du RAID face aux situations complexes et sensibles, où chaque spécialité contribue à la performance collective de l'unité.

ication RAID

© Communication RAID

L'INTERVENTION

L'intervention constitue le cœur même du métier du RAID et représente le noyau dur de l'unité. Les opérateurs jouent ainsi un rôle central lors d'opérations sensibles telles que les prises d'otages, les tueries de masse ou les situations impliquant des forcenés. Polyvalents et hautement entraînés, ils sont également mobilisés pour des missions de filature et de lutte contre le grand banditisme. Athlètes accomplis à la technique irréprochable, ils incarnent la devise « *Mens sana in corpore sano* ». Muscles façonnés, mental d'acier et sang-froid absolu : ils représentent l'élite de la Police nationale dans toute sa force, son calme et son efficacité.

À Bièvres, l'« intervention » compte aujourd'hui 80 effectifs divisés en quatre groupes. Cette organisation rigoureuse assure qu'un groupe est toujours en état d'alerte, prêt à se projeter instantanément sur un théâtre de crise. Lorsque l'un des groupes est de permanence, les trois autres se consacrent à l'entraînement intensif, à des stages de spécialisation ou encore à des missions de protection au profit de la présidence de la République. Certains profitent de ces périodes pour suivre des formations individuelles, afin de maintenir leurs compétences opérationnelles à leur plus haut niveau. Ces cycles de formation sont pensés sur quatre semaines, permettant à chaque groupe de recevoir les mêmes enseignements, d'acquérir les mêmes compétences, et d'atteindre une parfaite interopérabilité opérationnelle.

Après deux années au sein du RAID, chaque opérateur obtient la précieuse « habilitation intervention », véritable sésame qui atteste de son niveau d'excellence. C'est seulement après cette étape qu'ils peuvent approfondir leurs compétences en s'orientant vers des spécialités très techniques comme la varappe, la plongée, l'effraction ou encore le parachutisme. En moyenne, ils cumulent deux spécialités, mais certains, poussés par une quête constante d'excellence, peuvent en acquérir jusqu'à quatre ou cinq. L'habilitation intervention reste toutefois une base incontournable pour tous.

Dans une colonne d'assaut, les rôles sont clairement définis et soigneusement répartis. Le commandement des interventions spécialisées, assisté d'un commandant opérationnel, élabore la stratégie globale de l'opération. Un officier d'alerte se charge, quant à lui, de définir précisément la tactique à mettre en œuvre sur le terrain. Une colonne type rassemble généralement cinq tireurs de précision, deux spécialistes de l'effraction, deux équipes de cinq opérateurs d'assaut, deux maîtres-chiens (cynotechniciens), deux techniciens en moyens spéciaux, un médecin et deux négociateurs. Mais lorsque l'opération revêt une gravité exceptionnelle, comme au Bataclan ou à l'Hypercacher, ces effectifs peuvent être très largement renforcés.

Au cœur de ces dispositifs complexes, l'officier de renseignement joue un rôle stratégique essentiel. Premier à se rendre sur le terrain d'intervention, il anticipe minutieusement l'arrivée de la colonne d'assaut. Souvent gradé et expérimenté, il est chargé d'établir immédiatement une vision précise de la situation grâce à une démarche méthodique : « Je suis, je vois, je fais, je demande. » Il établit les premiers contacts, recueille toutes les informations utiles, et détermine précisément les moyens nécessaires à l'intervention. Cet officier stratégique identifie l'emplacement optimal pour stationner la colonne d'assaut, ainsi que celui du poste de commandement tactique. Son rôle, majeur pour la réussite de l'opération, consiste aussi à collecter toute documentation pertinente : plans du gaz, configuration d'appartements similaires, ou toute donnée technique pouvant éclairer les opérateurs. Il propose les emplacements potentiels pour les Tireurs haute précision (THP), en tenant compte des façades avec leur numérotation spécifique. Toutefois, ce sont les Oméga eux-mêmes qui valident et affinent ces positions, selon leur expertise propre.

Dans chaque spécialité du RAID, qu'il s'agisse de l'effraction, de la varappe ou du tir de précision, l'officier de renseignement exprime clairement ses attentes, tout en laissant à chaque spécialiste le soin de maîtriser pleinement son domaine opérationnel. Cette anticipation rigoureuse et ce partage précis des rôles garantissent une efficacité maximale dès l'arrivée des équipes d'assaut.

LE CYNOTECHNICIEN

La compétence cynotechnique tient une place à part, tant par la richesse humaine qu'elle requiert que par les spécificités techniques qu'elle apporte à l'unité. Les maîtres-chiens du RAID sont les seuls opérateurs à cumuler 2 spécialités (assaut-explo) et conduire 2 chiens. Tous sont passionnés, forts d'expériences antérieures avec des chiens au cours de leur carrière. Les équipes cynotechniques font partie intégrante de la section d'appui opérationnel. Durant leur formation initiale, les maîtres-chiens suivent une partie du tronc commun des spécialistes de l'intervention, avant de passer des tests spécifiques pour intégrer le chenil. Ils suivent notamment une formation de quatorze semaines à Cannes-Écluse, puis poursuivent leur apprentissage au RAID pendant un an et demi.

Les chiens du RAID sont exclusivement des malinois, privilégiés pour leur forte capacité de travail et leur grande réceptivité, tout en étant plus légers et donc plus faciles à transporter. Ils sont généralement âgés de 10 à 24 mois lorsqu'ils commencent leur formation. En dessous de 10 mois, leurs os ne sont pas suffisamment formés, tandis qu'au-delà de 2 ans, leur dressage est plus complexe. Ces chiens suivent ensuite une formation spécifique d'un an, soit à l'assaut, soit à la détection d'explosifs, et prennent leur retraite à l'âge de 8 ans. Compte tenu de la formation qu'ils ont reçue, les chiens d'assaut sont difficilement adoptables et terminent souvent leur vie au chenil du RAID ou auprès de leur maître.
Les entraînements des chiens sont courts et toujours axés sur le jeu. Les maîtres-chiens dits « explo » s'efforcent d'associer la découverte d'explosifs à une récompense ludique. Ces chiens dits « explo » sont capables de reconnaître entre 60 et

80 substances explosives différentes. Face à ces substances, leur réaction diffère : généralement, ils s'assoient ou se couchent. Le maître-chien doit ainsi constamment interpréter les signaux envoyés par son chien. Leur capacité olfactive reste inégalée, surpassant largement les appareils technologiques existants. Même mêlée à des odeurs d'essence ou d'huile, l'odeur d'un explosif est discernée avec précision par le chien.

La mission historique des chiens dits « explo » réside principalement dans la protection du président de la République, au sein du Groupe de sécurité de la présidence de la République (GSPR). Deux maîtres-chiens accompagnent systématiquement le Président lors de ses déplacements, inspectant soigneusement chaque lieu visité. Même le matériel des journalistes est systématiquement contrôlé par les chiens. Cette mission essentielle est désormais partagée entre le GIGN et le RAID. Les équipes cynotechniques du RAID sont également engagées lors de grands événements, comme les Jeux olympiques de Paris, ou encore lors de cérémonies officielles comme le 80e anniversaire du débarquement de Normandie.

Avant d'entrer dans le chenil du RAID, le visiteur est nécessairement frappé par la sculpture qui rend hommage à Diesel, le chien tué lors de l'assaut à Saint-Denis en 2015. Cet animal est devenu une véritable icône au-delà des frontières, décoré d'une médaille britannique et honoré par une imposante statue, découverte par hasard en Italie par des opérateurs du RAID. Ce souvenir, douloureux pour l'ensemble des opérateurs cynotechniques de l'unité, illustre la reconnaissance profonde et l'affection sincère que les opérateurs portent à leurs chiens, considérés comme des membres à part entière de l'unité.

Lors des interventions, quatre chiens sont systématiquement présents : deux d'assaut et deux dits « explo ». Depuis les attentats de 2015, la présence de ces derniers est devenue systématique. Les véhicules d'alerte sont équipés pour assurer leur sécurité avec des protections balistiques, des casques et parfois même des caméras embarquées. Tous les chiens sont par ailleurs formés pour être héliportés et parachutés si nécessaire.

Les chiens d'assaut, employés essentiellement lors des interventions sur forcenés ou lors d'interpellations délicates, constituent le dernier recours avant une intervention humaine directe, réduisant ainsi le risque pour les opérateurs. Leur présence permet souvent d'éviter le recours à une force létale, en créant une diversion efficace.

LE VARAPPEUR

Dès l'origine, les varappeurs sont indispensables au RAID pour les interventions en grande hauteur ou en milieu difficile d'accès. Bien que tous les policiers de l'unité soient formés aux techniques de corde et maîtrisent les fondamentaux de la varappe, certaines missions spécifiques exigent l'intervention d'une équipe hautement spécialisée.

Les varappeurs du RAID sont sollicités pour des missions très variées : pose d'équipements spéciaux tels que les explosifs, les caméras ou les micros, interventions pour empêcher des tentatives de suicide aux fenêtres d'immeubles, ou encore interventions discrètes en hauteur.

Leur formation initiale débute par deux stages intensifs avec les CRS du Centre national d'entraînement à l'alpinisme et au ski (CNEAS), situé à Chamonix.

Cette formation très exigeante est renforcée par un entraînement continu et rigoureux sur divers supports tels que des viaducs, des salles d'escalade, des murs artificiels et des falaises naturelles. Cette polyvalence permet aux varappeurs d'intervenir efficacement dans des contextes variés et souvent complexes, confirmant ainsi leur rôle essentiel au sein du RAID.

Pour autant, la perte tragique de deux opérateurs lors de l'assaut de Ris-Orangis le 31 août 1989 illustre douloureusement la vulnérabilité spécifique des cordistes. Cette spécialité, particulièrement exposée, exige une extrême maîtrise technique ainsi qu'un entraînement rigoureux, où la sécurité constitue le socle absolu de toute opération. Sur une corde, chaque opérateur remet littéralement sa vie entre les mains de celui qui a monté le dispositif d'amarrage primaire. La varappe au RAID est donc bien plus qu'une simple technique opérationnelle : elle est une école de précision, de rigueur, et surtout d'humilité absolue.

LE NÉGOCIATEUR

La spécialité de négociateur constitue, quant à elle, une autre pierre angulaire de l'efficacité opérationnelle du RAID. Experts de haut niveau dans les domaines de la criminologie, de la psychologie, de la communication et des sciences humaines, ces policiers expérimentés font l'objet d'une sélection rigoureuse et spécifique. Leur mission première consiste à évaluer les paramètres de dangerosité d'une crise afin de stabiliser les différents acteurs impliqués (les preneurs d'otages au premier chef, mais aussi les victimes…), dans l'objectif d'obtenir non pas simplement une résolution pacifique, mais bien une « reddition planifiée ». Il s'agit d'éviter tout geste, mouvement ou attitude susceptible de faire échouer, à l'ultime moment, cette phase interactive critique entre la personne retranchée et la colonne d'assaut. La tension est extrême les conditions de reddition sont énoncées, répétées, soulignées avec précision, afin que toutes les parties en maîtrisent la moindre subtilité. Le taux de résolution des crises par la négociation au sein du RAID avoisine ainsi les 70 %, ce qui met en lumière, s'il en était besoin, le très haut niveau d'expertise des négociateurs.

La cellule négociation a été formée en 1997, pour offrir une alternative à l'intervention directe. Michel Marie, figure emblématique et négociateur historique du RAID, formé notamment par le FBI à Quantico, a personnellement incarné cette spécialité. Sous son impulsion, les négociateurs du RAID sont devenus un corps d'élite de la Police nationale, formant à leur tour des spécialistes dans les GIPN, les unités conventionnelles de sécurité publique, les services de renseignement intérieur, et même, au sein du ministère de la Défense, des militaires du renseignement et des Forces spéciales. Les négociateurs du RAID interviennent aussi à l'international, à la demande du ministère des Affaires étrangères, lors d'enlèvements de ressortissants français par exemple.

Aux côtés de Michel Marie, Christophe Caupenne compte également parmi les grandes figures qui ont marqué l'histoire des négociateurs du RAID. Policier pendant 29 ans, il commence sa carrière comme inspecteur en police judiciaire au sein de groupes de répression du banditisme puis en groupe criminel. Il rejoint ensuite le RAID, où il exerce durant douze ans, occupant le poste stratégique de commandant, chef du groupe gestion de crise et négociation. Fort d'une expérience hors-norme, il pilote plus de 350 opérations à haut risque, allant des prises d'otages aux mutineries en passant par les kidnappings internationaux.

Christophe Caupenne est déjà en poste en 2004 lors de l'arrivée de Tatiana Brillant, première femme à intégrer le RAID en tant que négociatrice, poste qu'elle occupera durant 13 ans avec une efficacité unanimement reconnue. Pendant ces années intenses, Tatiana Brillant participe à plus de 200 opérations sensibles, qu'il s'agisse de prises d'otages, de forcenés ou d'interventions liées au terrorisme. Particulièrement impliquée dans la formation et la transmission de son savoir-faire, elle a contribué à structurer les pratiques modernes de négociation au sein du RAID.

Au RAID, la négociation et l'intervention ne sont pas perçues comme des spécialités concurrentes mais placées sous une entité décisionnaire unique. Cette spécificité mérite d'être soulignée, car elle permet d'éviter toute forme de concurrence entre les équipes. Si les opérateurs d'assaut privilégient la fulgurance, le rapport de force physique et l'efficacité immédiate, les négociateurs préfèrent, quant à eux, la reddition négociée. Deux cultures, certes, mais un objectif final unique : la neutralisation de la menace.

Le processus de négociation au sein du RAID vise principalement à réduire les risques de violence, à gagner du temps, et à maintenir un contact jusqu'à faire pencher le rapport de force en faveur de l'unité d'intervention. Le négociateur adopte souvent une stratégie de concessions négociées : chaque concession est compensée par une contrepartie à laquelle consent le forcené ou le preneur d'otages. La négociation est généralement classée en trois catégories distinctes : possible, aléatoire ou impossible. Dans une négociation possible, le preneur d'otages ou le forcené possède un intérêt à résoudre la crise pacifiquement, ce qui réduit progressivement son agressivité. Lorsque la négociation est aléatoire, le succès dépend fortement du profil psychologique des acteurs, nécessitant une approche douce pour regagner confiance et stabilité émotionnelle. Enfin, face à une négociation impossible – comme lors de crises psychotiques, de comportements délirants, ou dans certaines crises à caractère terroriste – le négociateur cherche avant tout à gagner du temps afin de permettre aux équipes d'intervention de se préparer, tout en maintenant une tentative de dialogue.

La négociation peut alterner avec des phases dynamiques, sauf dans un cas précis : celui du terrorisme islamiste. Dans ce contexte, les preneurs d'otages utilisent le temps de négociation pour récupérer des forces et préparer un éventuel assaut final. Face à ces adversaires, souvent déterminés et sans volonté réelle de dialogue, les tentatives initiales peuvent rapidement amener l'unité à décréter la « non-réversibilité ». Dès lors, une fois la négociation stoppée, elle ne reprendra plus jusqu'à la neutralisation du terroriste par une méthode dynamique.

Lors des interventions, deux négociateurs travaillent généralement côte à côte, parfois soutenus par un psychologue. Ils utilisent principalement le téléphone filaire via une « valise négo » permettant une écoute collective, mais le téléphone portable ou le porte-voix peuvent également être employés. Avant d'établir un contact, les négociateurs préparent une stratégie, dressent une liste complète des points à aborder et enregistrent intégralement la négociation pour une analyse immédiate et un débriefing ultérieur. Les négociateurs, parfois choisis parmi des sportifs de haut niveau pour leur capacité à gérer le stress, doivent éviter à tout prix l'écueil de vouloir convaincre leur interlocuteur. Tatiana Brillant rappelle que la négociation requiert une posture empathique et une écoute active, sans jugement ni recours au mensonge, pour maintenir la confiance avec l'interlocuteur.

LE TIREUR DE HAUTE PRÉCISION

La spécialité des Tireurs de haute précision (THP) existe depuis toujours au RAID, où elle joue un rôle central. Les THP suivent une sélection rigoureuse, similaire à celle du groupe intervention, complétée par des modules spécifiques pour évaluer leur discernement, leur sang-froid, leur résilience et leur capacité à rester concentrés durant de longues périodes.
La formation initiale des THP est enrichie d'une formation continue extrêmement poussée. Chaque semaine, ils pratiquent des tirs à 300 mètres avec des armes longues, complétés par des tirs longue distance, au-delà de 1 000 mètres. Régulièrement, ils s'entraînent aussi au maniement d'armes de poing et de fusils d'assaut, tout en suivant plusieurs stages annuels sur des terrains difficiles pour parfaire leur maîtrise technique.
Leur armement est constitué, outre l'arme de poing, d'un fusil de précision en calibre 308 (Ultima Ratio de chez PGM ou l'Accuracy), d'un fusil d'appui, toujours en calibre 308 (HK417) et d'un lanceur de 40 mm. La diversité des missions exercées a conduit à des dotations complémentaires tant pour le tir aéroporté (en plus de HK417, G36 long ou HK416 munis de réducteurs de sons pour préserver l'audition des pilotes et réduire l'effet de rehausse de l'arme), que pour le tir antimatériel à très grandes distances (Fusil Sako en 338 ou le fusil PGM Hécate II calibre 12,7)
À 100 mètres, l'exigence technique est telle que tous les impacts doivent tenir dans une pièce de deux euros.
Lors des interventions, les THP jouent un rôle crucial en protégeant la colonne d'assaut, en effectuant des diagnostics précis de la situation et en couvrant le

groupe effraction. Leur position stratégique permet de détecter des pièges éventuels, le sens d'ouverture d'une porte, ou encore de signaler des mouvements suspects. Leur présence prolongée sur le terrain, avant et pendant les opérations, confère un avantage tactique important, permettant de recueillir des informations essentielles pour affiner les stratégies d'intervention.

Outre les missions opérationnelles classiques, les THP sont chargés de la protection de points hauts lors des déplacements de personnalités exposées (le président de la République, les ministres, les chefs d'État étrangers lors de leur venue en France). Avant chaque mission de protection rapprochée, ils reconnaissent et sécurisent tous les itinéraires empruntés, de manière à assurer la fluidité du déplacement. Ils sont ainsi mobilisés sur de grands sommets internationaux, lors d'événements médiatiques comme les 24 Heures du Mans, et surtout lors de la cérémonie d'ouverture des Jeux olympiques, où ils étaient déployés sur des embarcations Zodiac, sur la Seine.

Les THP constituent de précieux appuis feu depuis les hélicoptères pour assurer la sécurité des opérateurs descendant en corde ou sécuriser le terrain depuis des embarcations équipées d'outils thermiques et de vision nocturne. Leur intervention à l'Hypercacher en 2015 illustre d'ailleurs cette polyvalence : positionnés comme tireurs lanceurs de grenades pour créer une diversion, ils protégeaient simultanément l'extraction des otages en surveillant étroitement les toits.

Les THP contribuent activement à la coopération internationale en formant des unités étrangères dans des pays alliés de la France tels que l'Irak, Oman, la Tunisie ou encore la Mauritanie. À la suite de la bataille de Mossoul en 2014, l'Irak a notamment bénéficié de leur savoir-faire opérationnel.

Enfin, les THP du RAID entretiennent également une collaboration régulière avec les tireurs des unités militaires amies, notamment les Forces spéciales. Ces échanges leur permettent de renforcer leurs capacités en matière d'observation, de renseignement, de camouflage et d'enfouissement. Ainsi, les tireurs sont dotés de tenues adaptées qui leur permettent de se confondre tant dans tout type de végétation que dans la neige.

En absolus passionnés par leur spécialité, ils participent activement au développement et à l'innovation de nouveaux matériels, en collaborant notamment avec l'entreprise française PGM, réputée pour ses fusils de précision. Ils ont un souci absolu du détail, recherchent constamment le réglage parfait et millimétrique qui fera toute la différence en opération.

L'OPÉRATEUR EFFRACTION

La spécialité effraction est au cœur des capacités opérationnelles du RAID. Souvent appelés familièrement les « effracs », ces opérateurs jouent un rôle crucial : celui de permettre une entrée rapide et efficace du groupe d'intervention. Forte d'environ 100 spécialistes au sein du RAID, dont 22 à Bièvres et 6 à 8 dans chaque antenne régionale, cette branche constitue une ressource stratégique majeure.

La formation des « effracs » se déroule principalement en interne, mais certains aspects spécifiques, notamment l'utilisation d'explosifs et les techniques de dépiégeage, sont assurés en externe par des experts de la Sécurité civile. Les opérateurs spécialisés dans l'effraction maîtrisent une très large gamme de techniques d'entrée et envisagent systématiquement toutes les voies possibles : portes, fenêtres, plafonds, murs, ou brèches créées spécialement pour l'occasion. La porte d'entrée traditionnelle est loin d'être leur seule option, tant les circonstances des interventions peuvent être variées. Leurs moyens d'action incluent donc des méthodes mécaniques, telles que le pied-de-biche ou le bélier, des moyens hydrauliques comme le Door-Raider, des explosifs, ou encore des munitions spécifiques (calibre 12). La serrurerie fine figure au nombre de leurs compétences et permet une ouverture discrète, sans dégradation de la porte ni de la serrure.

Chaque outil et chaque technique d'effraction possède des caractéristiques spécifiques adaptées aux circonstances particulières de l'intervention. Le Door-Raider, par exemple, est un dispositif hydraulique puissant développé par le RAID lui-même, capable d'exercer une poussée exceptionnelle de sept tonnes pour ouvrir silencieusement les portes blindées les plus robustes. Ce vérin modulaire illustre l'innovation technologique permanente du RAID.

La sélection de l'outil d'ouverture approprié dépend toujours du contexte opérationnel. Si l'intervention est planifiée à l'avance, les opérateurs réalisent une étude approfondie du bâtiment pour choisir la solution la plus rapide et la plus efficace. Lorsqu'il s'agit d'une opération d'urgence, l'opérateur prend la décision sur place, en fonction de la situation qui se présente à lui. Quelle que soit la méthode retenue, une porte est généralement ouverte en moins de trois minutes, de manière à garantir l'effet de surprise nécessaire au succès d'une intervention.

Les opérateurs effraction, toujours positionnés en tête de la colonne d'assaut, avancent généralement à deux, de manière à s'appuyer mutuellement lors des situations les plus tendues.

Au-delà de leur capacité purement technique à ouvrir des voies d'accès, les spécialistes de l'effraction possèdent également une expertise approfondie dans la reconnaissance et la manipulation d'Engins explosifs improvisés (EEI).

Le but principal des spécialistes de l'effraction n'est pas seulement d'ouvrir une porte, mais avant tout de ne pas blesser la personne qui se trouve derrière. L'effraction est donc une véritable science, où la moindre erreur peut avoir des conséquences dramatiques : un retard à l'ouverture peut exposer dangereusement la colonne d'assaut, tandis qu'un mauvais dosage d'explosif pourrait gravement impacter les personnes situées à l'intérieur du logement ciblé. « Ni trop, ni trop peu » pourrait ainsi être la devise de ces experts qui doivent allier rapidité, précision et sécurité absolue.

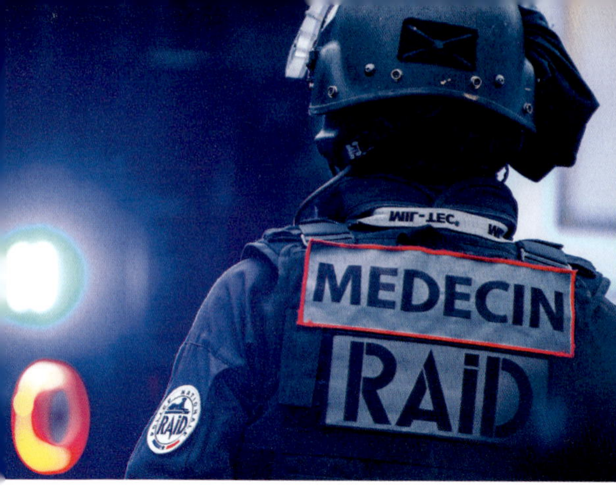

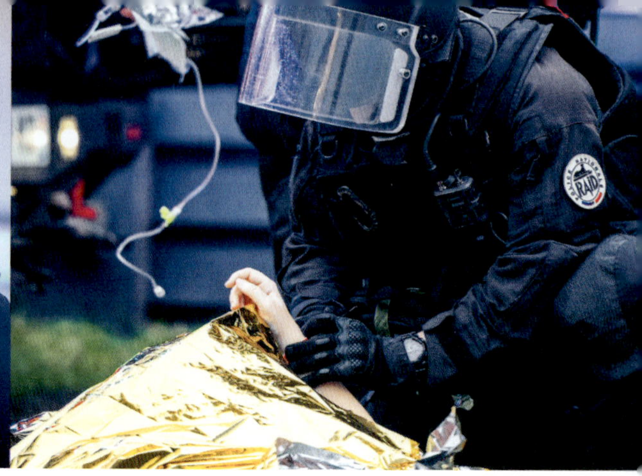

LE MÉDECIN

Le groupe médical d'intervention du RAID constitue un élément essentiel et particulièrement sensible au sein des opérations d'intervention. Créé le 1er février 1994 à la suite de la prise d'otages de la maternelle de Neuilly, le groupe médical répond au besoin urgent de traiter les blessures graves en milieu opérationnel dégradé, là où les services médicaux civils ne peuvent intervenir en raison du danger. Ce dispositif crucial a permis, à plusieurs reprises, de sauver des vies, notamment lors des interventions de Roubaix en 1996 et au Bataclan en 2015. Dans le cas particulier du Bataclan, la présence du groupe médical d'intervention a permis la mise en œuvre de la coordination interservices et du triage tactique de la doctrine médicale du RAID, ce qui a facilité l'extraction rapide des victimes de la fosse tout en assurant les gestes de sauvetage nécessaires à leur survie. Quelques mois auparavant, lors de l'intervention à l'Hypercacher, le groupe médical avait eu à déployer simultanément cinq médecins et à prendre en chargc six blessés graves, dirigés vers l'hôpital de la Pitié-Salpêtrière à Paris, un établissement avec lequel le RAID dispose d'une relation particulière. Une collaboration a également été établie avec l'Hôpital d'instruction des armées Percy à Clamart, spécialisé dans les blessures de guerre et les grands brûlés.

Les médecins du RAID, issus de divers horizons professionnels comme l'AP-HP, la brigade des sapeurs-pompiers de Paris ou encore l'hôpital privé, sont des urgentistes ou des anesthésistes-réanimateurs, qui cumulent souvent des spécialisations périphériques (médico-légal, plongée, aéronautique). Ils disposent de ressources physiques solides afin d'accompagner l'unité dans tous les environnements opérationnels, quelles que soient les conditions. Leur capacité d'adaptation,

de gestion du stress et de prise rapide de décisions est déterminante. Entièrement intégrés à la colonne d'assaut, les médecins jouent un rôle tactique clé dans le dispositif opérationnel du RAID.
Le groupe médical dispose de différentes configurations de son matériel d'intervention : poches médicales de cuisse et de gilet, sac médical lourd (12 kg), sac médical « Aéro », sac médical « TDM-NOVI », ainsi que des dispositifs biomédicaux nécessaires à toute réanimation spécialisée. La priorité médicale porte sur le traitement des traumatismes pénétrants (arme à feu ou blanche) et des effets de blast dus aux explosions. Les médecins sont formés à l'intervention héliportée (rappel et aérocordage) et détiennent la qualification TIH1 (travail d'intervention en hauteur), ce qui leur permet d'accompagner l'unité lors d'opérations complexes.
Contrairement aux autres membres du RAID, les médecins ne sont pas policiers et, par conséquent, ne portent aucune arme.
Le rôle des médecins du RAID va bien au-delà de la simple sécurité lors des entraînements et interventions. En cas de crise de haute intensité (attentats, tuerie de masse ou prises d'otages multiples), leur rôle consiste en l'organisation du dispositif médical au sein de la zone d'exclusion police. Leur présence permet la coordination interservices (Police–sapeurs-pompiers–SAMU), indispensable à la prise en charge des blessés dans les meilleurs délais.
Leur position au sein de l'unité les place en situation de premier recours médical de proximité et, à ce titre, ils orientent les opérateurs vers des spécialistes en fonction des pathologies, conseillent et suivent personnellement chaque policier. L'action des médecins du groupe permet aux opérateurs de l'unité d'afficher une disponibilité opérationnelle remarquable au sein de la Police nationale.
Bien plus que de simples médecins, ils sont les confidents privilégiés des opérateurs. Ils partagent avec eux les repas, les entraînements sportifs, les moments de joie et, bien sûr, les périodes difficiles. Connaissant parfaitement chaque homme, ils sont un maillon essentiel à la cohésion et au bon fonctionnement du RAID. Avoir ces médecins au sein du RAID est un luxe et, sans eux, l'unité serait tout simplement orpheline.
Les médecins exerçant au RAID acceptent volontairement une sélection très difficile, une rémunération inférieure à celle de leurs confrères aux parcours plus classiques, malgré un niveau de responsabilité très élevé. C'est donc par conviction profonde, par croyance en leur mission et

par abnégation totale qu'ils font ce choix professionnel de servir au RAID.
Les antennes RAID sont également toutes prises en charge par des unités médicales d'intervention, dont les médecins appartiennent soit à des centres hospitaliers (services d'urgence, de SAMU-SMUR, ou d'anesthésie-réanimation), soit à des Services départementaux d'incendie et de secours (SDIS) par le biais de conventions. Ces médecins suivent un parcours de formation au sein des antennes, validé par un brevet de médecin d'intervention du RAID obtenu à l'échelon central lors d'un stage qualifiant. Cette harmonisation permet au RAID de déployer une seule et unique doctrine médicale d'intervention sur l'ensemble du territoire français.
Les médecins assurent une permanence opérationnelle 24h/24 au sein du RAID. Le quotidien de ces permanences inclut le traitement des blessures de traumatologie liées aux entraînements de l'unité, mais aussi la capacité à réagir immédiatement en cas de crise majeure, selon les règles spécifiques aux interventions de haute intensité.

L'OPÉRATEUR DU GOST

Le Groupe opérationnel de soutien technique, connu sous l'acronyme GOST, regroupe des spécialistes dédiés à la surveillance électronique et au renseignement technique durant les opérations ou filatures. Véritables « ingénieurs » du RAID, les membres du GOST utilisent un équipement de pointe et constamment mis à jour afin de maintenir l'unité à l'avant-garde de la technologie. Ils pilotent notamment des drones et des robots dotés de caméras haute définition, et d'autres dispositifs innovants permettant une reconnaissance précise et sécurisée du terrain.
Les spécialistes du GOST sont en permanence à l'affût des dernières avancées technologiques, adaptant continuellement leurs compétences et leurs outils pour anticiper et répondre aux nouvelles menaces et aux défis opérationnels.
Le soutien technique opérationnel au RAID s'articule autour de trois grandes familles : les techniciens de colonne, le service des transmissions et de la lutte anti-drones, et l'ingénierie. Lors des interventions, cette complémentarité de compétences permet d'obtenir du renseignement, de la sécurité et une parfaite communication.
Les techniciens de colonne du GOST, recrutés pour l'intervention et formés à celle-ci, mettent en œuvre du matériel de contact dont des drones et peuvent fournir en temps réel du renseignement opérationnel. Capables de mettre en œuvre, dans un contexte dégradé, des robots, des fibres, des caméras et des matériels de haute technicité, ils contribuent à la sécurisation des opérations.
La transmission, l'armement des postes de commandement et la lutte anti-drones sont quant à eux assurés par la Cellule de

transmission opérationnelle (CTO). Cette cellule, composée d'opérateurs actifs tout comme de personnels techniques (souvent d'anciens militaires), doit être en mesure de mettre en place des canaux de communication opérationnels tant sur le territoire national qu'à l'étranger. Ce groupe exerce également des missions de lutte anti-drones au service de la présidence de la République, ou à l'occasion de la venue de hautes personnalités en France.

Enfin, la cellule des projets technologiques exerce une veille technologique constante en lien avec les deux groupes de soutien technique, afin de continuellement faire progresser et adapter les méthodes d'intervention : soit en identifiant de nouveaux matériels, soit en initiant des développements spécifiques.

LE PARACHUTISTE

Créée au début des années 1990, la spécialité parachutiste du RAID a considérablement enrichi les capacités opérationnelles de l'unité et lui permet, notamment, d'intervenir de façon discrète et rapide sur des zones difficiles d'accès. Initialement tournée vers une vocation sportive, cette spécialité s'est progressivement professionnalisée pour s'adapter à l'évolution des menaces et des besoins opérationnels du RAID. Dès les années 2000, la multiplication des opérations contre les indépendantistes corses dans des terrains inaccessibles en véhicule a confirmé l'importance stratégique du parachutisme opérationnel.

Aujourd'hui, cette spécialité regroupe quinze parachutistes opérationnels, dont treize sont basés à Bièvres et deux sont répartis dans les antennes régionales. Parmi ces opérateurs, deux maîtres-chiens ainsi qu'un médecin opérationnel parachutiste apportent des compétences complémentaires, consolidant ainsi la polyvalence du groupe. Tous ont en partage des qualités essentielles à l'accomplissement de leur mission, telles que le sang-froid, la rigueur et la gestion du stress, etc.

Le cursus de formation des parachutistes du RAID est particulièrement exigeant. Il commence par un saut en tandem avec des moniteurs professionnels. Les opérateurs poursuivent ensuite par une progression accompagnée en chute : d'abord cinq sauts encadrés par deux moniteurs, puis cinq autres accompagnés d'un seul encadrant. À partir du septième saut, les opérateurs doivent être capables de sauter seuls pour démontrer leur autonomie. Ils obtiennent ensuite progressivement plusieurs brevets : le brevet A après 15 sauts, le brevet B après 30 sauts, ainsi que le brevet B2 qui leur permet d'effectuer des vols relatifs et de sauter en groupe. La formation s'achève par le brevet de chuteur opérationnel qui sanctionne une année complète de formation interne durant laquelle les opérateurs apprennent à maîtriser le saut en gaine, les sauts nocturnes, les infiltrations hors zones conventionnelles de posé, et la dérive sous voile.

En moyenne, chaque parachutiste opérationnel effectue 80 sauts par an – l'un des opérateurs du RAID cumule, à lui seul, plus de 13 000 sauts ! Le groupe s'entraîne régulièrement dans des environnements variés, notamment dans la Somme à Péronne, ou encore dans les Landes à Mimizan. Des sauts sont également organisés à Bièvres à partir d'hélicoptères de la Sécurité civile. Pour les missions réelles, le RAID privilégie le Groupe interarmées d'hélicoptères (GIH).

La spécialité parachutiste joue un rôle clé lors des opérations sensibles. Les opérateurs effectuent des sauts d'infiltration tactique afin d'assurer une reconnaissance précise des objectifs, de confirmer le renseignement préalable, et de fournir un appui feu essentiel aux équipes d'intervention au sol. Équipés notamment d'un fusil d'assaut adapté à la spécificité de leurs missions, ils constituent une ressource tactique indispensable lors des opérations complexes.

Récemment, le groupe parachutiste a testé les capacités de défense du plus grand centre européen de recherche et développement sur l'énergie nucléaire : le Centre CEA de Cadarache. À cette occasion, ils ont effectué un saut opérationnel nocturne afin d'évaluer la résilience des forces de sécurité en place, confirmant ainsi la valeur stratégique et la pertinence de cette spécialité dans le cadre d'exercices antiterroristes.

En parallèle de leurs missions opérationnelles, les parachutistes du RAID réalisent régulièrement des démonstrations lors d'événements publics, et concourent ainsi au rayonnement de l'unité auprès du grand public.

Bien que rarement employée en opération réelle, la spécialité parachutiste constitue une ressource tactique essentielle. Sa simple existence permet aux gestionnaires de crises de disposer de toutes les options possibles.

LE PLONGEUR D'INTERVENTION

La spécialité de plongeur d'intervention, rebaptisée groupe nautique en 2018-2019, est indispensable aux interventions en milieu aquatique du RAID. Elle regroupe des opérateurs dotés d'une double compétence rare : pilotes de bateaux et plongeurs opérationnels. À Bièvres, douze opérateurs composent ce groupe, appuyés par six autres répartis dans les antennes régionales.

Chaque spécialiste nautique suit une formation exigeante d'une durée de trois ans auprès de divers organismes de formation en plongée, obtenant la qualification de guide de palanquée ou de directeur de plongée. Depuis 1996, cette formation initiale est complétée par une qualification professionnelle de plongeur « Classe IIB » délivrée par le ministère du Travail, et par un certificat de plongeur opérationnel police, équivalent au certificat d'aptitude à l'hyperbarie. Ils sont également formés aux techniques spécifiques de « recherche subaquatique » auprès des plongeurs démineurs de la Sécurité civile à Toulon, et perfectionnent leurs capacités en incursion maritime avec les commandos marine français à Lorient. Grâce à ses propres instructeurs, tous opérateurs du RAID, la spécialité nautique bénéficie d'une totale autonomie en matière de formation, tout en collaborant régulièrement avec la Brigade fluviale pour perfectionner certaines techniques. Les plongeurs s'entraînent à la fois dans les cours d'eau de la région parisienne et sur le littoral méditerranéen, dans le Var et les Bouches-du-Rhône. Ils se rendent également à Brest, où ils s'entraînent avec les plongeurs démineurs de la Sécurité civile afin de maintenir leurs qualifications dans les travaux subaquatiques.

Le groupe nautique possède ainsi deux volets d'action essentiels : l'utilisation de moyens nautiques puissants, tels que des bateaux rapides et des scooters des mers (dénommés MARLIN, pour « Moyens d'assistance rapide léger et d'intervention nautique »), ainsi qu'une capacité de plongée en environnement hostile. Ce double savoir-faire permet aux plongeurs du RAID de sécuriser totalement des zones sensibles, notamment lors de grands événements internationaux. Ils assurent ainsi régulièrement la protection rapprochée des chefs d'État en sécurisant la « zone 0 », point névralgique de rassemblements diplomatiques majeurs.

Les plongeurs du RAID ont été mobilisés sur plusieurs missions emblématiques, telles que la recherche d'explosifs sous-marins en Corse en 1998, ou encore la sécurisation du lac d'Évian lors du sommet du G8 en 2003, où ils ont intercepté un Zodiac de Greenpeace. En 2005, leur expertise a également permis une mission bénévole remarquable, apportant assistance aquatique aux victimes du tsunami dans l'archipel thaïlandais des Phi Phi.

Lors de la cérémonie d'ouverture des Jeux olympiques de 2024 à Paris, la spécialité nautique est au cœur d'une opération baptisée « dépollution ». En coopération étroite avec la Sécurité civile, les démineurs de la Légion étrangère et la Brigade fluviale, les plongeurs du RAID ont méticuleusement inspecté tous les bateaux participants ainsi que l'intégralité du parcours de la parade sur la Seine. Si quelques munitions historiques ont été retrouvées, aucune bombe n'a heureusement été découverte. Durant toute la période olympique, le groupe nautique a ensuite constitué une réserve d'intervention maritime permanente, prête à réagir instantanément en cas de menace.

La spécialité nautique est également mobilisée pour la conférence des Nations unies sur l'Océan. Les plongeurs se déplacent sur la côte avec leurs propres bateaux et moyens techniques, afin d'assurer la sécurité complète du plan d'eau et des embarcations. Ils inspectent minutieusement les bateaux pour éliminer tout risque de piégeage ou d'explosifs et garantissent ainsi la sécurité du président de la République, qui se rend à la conférence par voie maritime.

Les moyens matériels à disposition des plongeurs incluent des bateaux puissamment motorisés dotés de gyrophares, sirènes et projecteurs adaptés aux interventions policières, ainsi que des scooters sous-marins facilitant les déplacements rapides et les inspections sous-marines. L'armement spécifique comprend des pistolets Glock 17 et 26, des fusils à pompe spécialement adaptés à l'environnement marin, et des fusils d'assaut G36, qui garantissent une réponse efficace face à toutes les menaces. Ils disposent également d'échelles à crochets afin de pouvoir monter à bord de bateaux ainsi que de lance-grappins ou de lance-filets afin de bloquer les hélices de bateaux à intercepter.

En parallèle de ces missions de protection, la spécialité nautique joue un rôle crucial dans les opérations de surveillance terrestre et maritime. Les plongeurs peuvent réaliser des récupérations d'objets suspects immergés, poser des balises sous des embarcations ou effectuer des opérations d'observation discrète depuis l'eau.

Parmi les enjeux futurs majeurs de cette spécialité, figure l'acquisition de nouvelles technologies telles que les recycleurs. Cet équipement sophistiqué offre aux plongeurs une autonomie accrue, des plongées plus silencieuses, et la possibilité d'évoluer à de plus grandes profondeurs, ce qui renforce leur capacité opérationnelle. Par ailleurs, l'interception des *go fast* maritimes représente un défi croissant. Le groupe nautique a récemment démontré son efficacité lors d'une opération menée au profit de la Police judiciaire de Caen, en interceptant avec succès un bateau rapide près du Havre.

L'OPERATEUR SILENT TEAM

Le groupe *Silent team* a été créé en 2018. Si tous les opérateurs de la Section d'intervention s'entraînaient déjà régulièrement avec des moyens de vision nocturne ou utilisaient des modes d'intervention particulièrement discrets pour préserver au maximum l'effet de surprise, ce groupe *Silent team* (appellation donnée à cette spécialité par certains groupes anglo-saxons, le S de *Silent team* ayant été choisi dans l'alphabet grec pour nommer cette spécialité au RAID) est devenu, à partir de cette date, une spécialité à part entière. La double évolution du matériel et de la législation relative à la légitime défense ont décidé le chef de la section d'intervention à faire évoluer ce mode d'action.

Les membres les plus expérimentés de ce groupe ont ainsi réalisé un travail en profondeur pour élaborer une nouvelle doctrine tactique, définir un langage verbal plus adapté, et se doter de fusils d'assaut avec réducteur de son, de munitions subsoniques, de moyens de vision nocturne dernier cri (quadritubes), de tenues plus légères et moins visibles à l'œil nu, sans oublier les compétences en serrurerie fine pour ouvrir des portes sans bruit. Tout ceci a été pensé pour maximiser la discrétion et optimiser l'effet de surprise.

Le cadre d'emploi de l'opérateur *Silent team* est très varié : infiltration tactique sur des zones de crise difficiles d'accès, reconnaissance, observation et renseignements à des fins d'action, sécurisation du dispositif d'assaut et/ou d'intervention, approche et reconnaissance discrète, pouvant en fonction des situations conduire à une neutralisation silencieuse, progression et neutralisation par faible luminosité…

Ce groupe est dirigé par le chef de la section d'intervention et compte 30 opérateurs ou chefs d'équipe d'intervention, ainsi qu'un membre du groupe technique, spécialisé dans l'utilisation des moyens techniques dans des milieux dépourvus de lumière. Ce mode d'action a pu faire ses preuves lors de nombreuses interpellations, par exemple dans le cadre de la lutte contre le trafic de stupéfiants pour investir des lieux particulièrement surveillés par les auteurs du trafic, ou encore interpeller un individu dangereux au cœur d'un important campement de gens du voyage en toute discrétion.

©Communication RAID

L'OPÉRATEUR NRBC

La spécialité Nucléaire, radiologique, bactériologique et chimique (NRBC) constitue une capacité essentielle du RAID pour intervenir dans des environnements toxiques, saturés ou contaminés. Tous les membres de l'unité sont équipés d'un matériel spécifique comprenant des combinaisons intégrales de protection et des Appareils respiratoires individuels (ARI). L'unité dispose d'une cellule NRBC capable de réaliser des analyses des risques, d'identifier des menaces (utilisation d'un essaim de drones par exemple) et de proposer l'adaptation des équipements à intervention donnée.

Le RAID dispose également d'armements adaptés à un environnement potentiellement inflammable, et utilise des appareils sophistiqués permettant la détection précise de produits nocifs. Les chaînes de décontamination nécessaires lors des interventions sont assurées en collaboration avec des unités spécialisées partenaires de la Sécurité civile, garantissant ainsi la sécurité optimale des équipes d'intervention et des populations civiles concernées.

La variété des spécialités au sein du RAID lui confère sa force opérationnelle : intervention, varappe, négociation, tir haute précision, médecine, parachutisme, plongée, GOST ou encore effraction, chacune d'entre elles répondant aux besoins du terrain. Grâce à une formation rigoureuse et une capacité d'adaptation permanente, cette diversité de compétences des opérateurs du RAID, combinée à une parfaite complémentarité, leur permet d'agir avec efficacité, quelle que soit la complexité de la mission.

POLICE NATIONALE

RAID

CHAPITRE 4

Les équipements du RAID

L'armurerie du RAID occupe une place centrale dans l'efficacité opérationnelle de l'unité.

À Bièvres, l'armurerie de l'échelon central du RAID. Les armes d'exercice sont bleues.

Lors d'une intervention, les membres du RAID sont lourdement équipés. Cet équipement est spécialement conçu pour garantir une protection maximale tout en conservant une grande mobilité et une efficacité opérationnelle optimale. Chaque élément est sélectionné avec soin et testé rigoureusement par des ingénieurs spécialisés, afin d'assurer la fiabilité du matériel lors des opérations critiques.

LES PROTECTIONS BALISTIQUES

Le gilet pare-balles constitue la première ligne de défense des membres du RAID face aux tirs d'armes à feu. Chaque opérateur porte un gilet d'un poids variant de 10 à 15 kg, adapté selon le niveau de menace attendu. Ces gilets sont fabriqués majoritairement en kevlar, un matériau léger et très résistant, mais aussi en céramique, en *Gold Flex* ou *quadralink* pour une résistance maximale aux chocs et à la perforation. Des plaques additionnelles peuvent être ajoutées, afin de renforcer la protection sur les zones particulièrement exposées.

Les boucliers balistiques individuels et collectifs sur roues (Ramsès) assurent une protection supplémentaire lors des progressions sous le feu. En complément, les casques lourds sont choisis selon la spécificité de la mission. Ces casques assurent une protection contre les projectiles, les chocs et les éclats. Des protections articulaires (genoux, coudes, mains) ainsi que des lunettes de protection et des tenues ignifugées complètent l'équipement individuel des policiers du RAID, en leur garantissant une protection la plus complète possible contre le feu, les explosions et les chocs physiques.

L'ARMURERIE

L'armurerie du RAID occupe une place centrale dans l'efficacité opérationnelle de l'unité. Actuellement composée de quatre armuriers (deux policiers et deux techniciens civils), l'équipe dispose d'un savoir-faire exceptionnel et d'une expertise unique dans la gestion et la personnalisation de l'armement. Ses membres sont tous diplômés soit des prestigieuses écoles de Saint-Étienne ou de Liège, soit d'une formation interne.

Passionnés et extrêmement habiles, ces professionnels sont connus pour leur capacité à résoudre rapidement tous types de problèmes techniques.

L'armurerie du RAID gère quotidiennement un stock impressionnant de plus de 400 armes. Cette gestion inclut non seulement l'achat, la réception, la maintenance et la réparation des armes, mais aussi leur personnalisation poussée en fonction des exigences spécifiques de chaque opérateur. Ce dialogue constant entre armuriers et opérateurs garantit une ergonomie optimale des armes, essentielle pour des réactions instinctives lors des interventions. Les armuriers effectuent régulièrement des stages auprès de fabricants réputés, tels que PGM Précision, pour rester constamment à la pointe des dernières technologies et innovations.

Le temps des armuriers est réparti entre la gestion administrative et technique des armes (60 %) et les interventions directes sur le matériel (40 %). En cas d'alerte, l'armurier d'astreinte intervient immédiatement pour répondre aux besoins urgents des opérateurs, que ce soit pour une réparation de dernière minute ou la fourniture de matériel spécifique.

L'ARMEMENT

Historiquement, le RAID dispose d'un armement très varié et évolutif, adapté à des missions toujours plus complexes. Dès sa création en 1985, l'unité est équipée en armes de poing, les revolvers RMR et MR73, réputés pour leur précision et leur fiabilité. Au cours des années 1990, ces revolvers laissent place aux pistolets semi-automatiques Beretta 92F calibre 9 × 19 mm, avant d'être remplacés vers l'an 2000 par les Glock 17, appréciés pour leur ergonomie et leur robustesse opérationnelle.

Concernant les armes d'épaule, les premières années du RAID voient l'utilisation du mini UZI, également en calibre 9 × 19 mm, prisé pour sa compacité et sa cadence de tir élevée. Rapidement, l'unité évolue vers le HK MP5, arme emblématique des Forces spéciales du monde entier, puis vers les fusils SIG Sauer et le HK53. Après l'opération historique de Roubaix en 1996, tournant majeur face à des terroristes lourdement armés (Kalachnikov, Scorpion, MP40), l'unité adapte son armement aux exigences opérationnelles croissantes en adoptant le fusil d'assaut HK G36 en calibre 5,56 × 45 mm, capable d'offrir une puissance de feu supérieure ainsi qu'une meilleure pénétration balistique.

Les fusils de précision, quant à eux, ont suivi un parcours tout aussi évolutif. Initialement équipé du FR-F1 en calibre 7,62 × 51 mm, le RAID passe rapidement au Steyr Mannlicher modèle SSG 69, devenu un incontournable grâce à sa précision remarquable dans les années 1980. L'innovation décisive survient au début des années 1990 avec la création de l'Ultima Ratio par Gilles Payen, un armurier passionné, qui élabore ce fusil révolutionnaire dans son propre garage, en étroite collaboration avec des opérateurs du RAID. Aujourd'hui, cette arme française, utilisée depuis environ 25 ans, est devenue une référence mondiale pour les tireurs haute précision.

L'arsenal actuel du RAID impressionne par sa diversité, combinant puissance, précision et technicité :

- **Pistolets semi-automatiques** : Glock 17, Glock 18, Glock 19, Glock 26.
- **Pistolets mitrailleurs** : Heckler & Koch MP5, MP5K, FN P90, Rattler.
- **Fusils d'assaut** : HK 416, HK G36, HK 417, SIG-551, FN SCAR-L, sans oublier le MCX Spear LT de SIG Sauer, dernier arrivé au sein de l'armurerie.
- **Fusils à pompe** : Benelli M3 Super 90, Franchi SPAS 12, Remington M870 Police, Genesis 12.
- **Fusils de précision** : FN SCAR-H, PGM Hécate II, Ultima Ratio, l'Accuracy et les TIKA.
- **Armes non létales** : Taser X26, LBD Brugger & Thomet 40×46, Flash Ball.
- **Grenades** : aveuglantes, offensives, éclairantes, fumigènes.

Enfin, l'unité dispose également d'armes de soutien comme la FN Minimi, la mitrailleuse Rheinmetall MG3 et l'Evolis, indispensables lors des interventions critiques nécessitant un appui feu conséquent. Cette évolution constante témoigne de la capacité du RAID à s'adapter aux menaces les plus complexes et à rester au sommet de l'excellence opérationnelle.

L'arsenal du RAID dans l'armurerie de Bièvres, du fusil de précision au fusil d'effraction en calibre 12. Les armes manquantes étant utilisées par les opérateurs.

H&K UMP 9

H&K 417

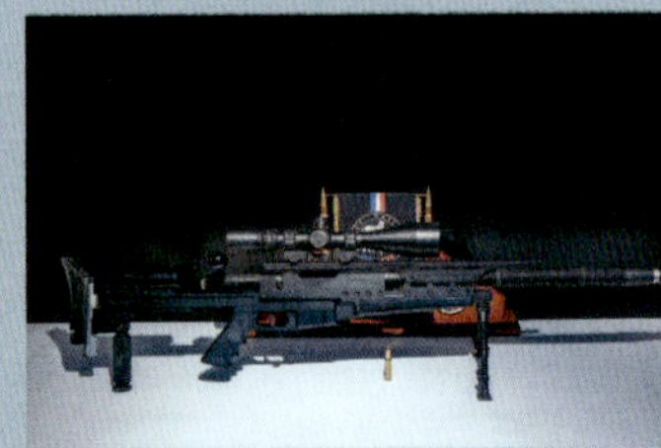

PGM Ultima Ratio

Steyr Mannlicher SSG-69

SIG-Manurhin SG-543

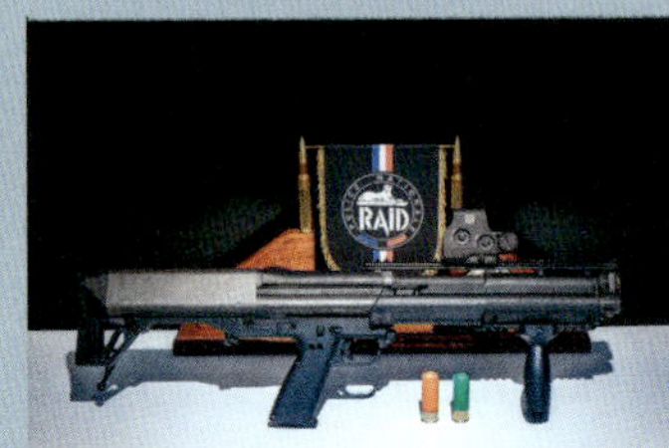

KelTec KSG

Genesis GEN-12

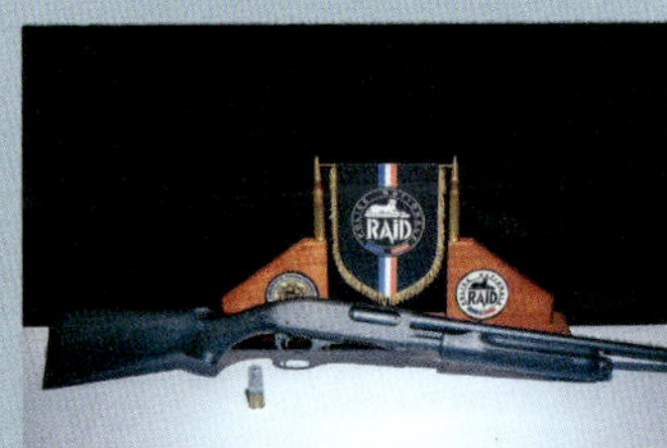

Remington 870

H&K G36

B&T MP9

IMI Uzi

H&K MP5k

H&K MP5 A5

Glock 26 Gen 3

Glock 17 Gen 3

Glock 17 MOS Gen 5

Beretta 92 FS Centurion

Manurhin MR 73

L'arsenal actuel du RAID impressionne par sa diversité, combinant puissance, précision et technicité...

LES VÉHICULES

La mobilité opérationnelle est assurée par un parc de véhicules varié et adapté aux missions spécifiques : Volkswagen Multivan, véhicules blindés Titus, Petits véhicules protégés (PVP), Nissan Navara, Renault Master et Toyota Land Cruiser 200 et 300. Ces véhicules offrent aux équipes une capacité d'intervention rapide et sécurisée.

L'AÉROMOBILITÉ

L'aéromobilité a considérablement évolué ces dernières années.
Historiquement, l'aéromobilité permettait de projeter des effectifs rapidement en tout point du territoire, notamment dans les zones les plus difficiles d'accès (comme par exemple le toit d'un immeuble de grande hauteur), en utilisant parfois la descente en rappel ou en corde lisse.
En s'appuyant sur les hélicoptères du Groupe interarmées d'hélicoptères (GIH) ou de la Section aérienne de gendarmerie

Photos 1 à 3 : le CAMBLI Blackwolf, au RAID pendant une année jusqu'aux JO de Paris 2024.
Photo 4 : le PVP, ou Petit véhicule protégé, dont sont équipées toutes les antennes du RAID.

(SAG) de la base aérienne n° 107, à proximité immédiate de Bièvres, cette spécialité est pleinement intégrée à des missions d'interpellation ou de surveillance, comme, par exemple, l'appui de moyens nautiques pour intercepter des embarcations suspectes.

Ses moyens capacitaires se sont élargis avec l'utilisation de nacelles ou de grappes pour pouvoir exfiltrer les opérateurs et des personnes civiles dans des situations dégradées.

Enfin, l'Appui feu par un tireur embarqué (AFTE) permet de projeter rapidement un ou des Tireurs de haute précision (THP) tout en bénéficiant de l'autonomie de déplacement de l'hélicoptère et de la latitude d'engagement du feu en l'air.

Aérocordage depuis des hélicoptères Puma du Groupe interarmées d'hélicoptère de l'Armée de Terre.

LES ÉQUIPEMENTS DE SURVEILLANCE

Enfin, les technologies de surveillance et de reconnaissance sont confiées aux spécialistes du GOST déjà évoqués. Dotés d'équipements *high tech*, tels que des drones et des robots munis de caméras avancées, ils assurent une surveillance électronique et renseignent précisément les équipes sur le terrain.

Par la richesse, la diversité et la sophistication de ses équipements, l'expertise de ses armuriers et la performance de ses systèmes de protection, le RAID est capable de relever tous les défis opérationnels avec efficacité, assurant ainsi une sécurité optimale à ses opérateurs lors des interventions les plus complexes et dangereuses.

POLICE NATIONALE

RAID

CHAPITRE 5

À l'épreuve de la sélection

Les sélections du RAID sont sans concession: seuls les meilleurs restent.
Au RAID, l'excellence ne se négocie pas. Et la tenue noire se mérite.

Ici, une épreuve de force lors des sélections.

Épreuve aquatique pour tester la phobie en milieu nautique et le dépassement de soi.

La sélection des membres du RAID est réputée pour être parmi les plus rigoureuses et exigeantes des unités de police. En matière de profils, le RAID recherche avant tout des policiers sportifs et non des sportifs policiers. L'engagement pour la police et un fort savoir-être dans les unités précédentes sont essentiels pour candidater.

LA PRÉSÉLECTION

Chaque été, un télégramme officiel est diffusé auprès de tous les gardiens de la paix et officiers de police. Pour postuler, il faut être fonctionnaire de police titulaire depuis au moins trois ans. À titre d'exemple, en 2024, le RAID a reçu 143 dossiers de candidature.
Dès la réception des candidatures, une première sélection rapide est réalisée afin d'éliminer les profils psychologiquement fragiles ou inadéquats. Une attention particulière est portée à la condition physique des candidats, privilégiant souvent des jeunes policiers en excellente forme. Les candidats retenus passent ensuite une série d'épreuves physiques et techniques très spécifiques entre novembre et décembre : montées de corde libre, pompes, tractions, dips, relevés de jambes, course et un test de tir sur cibles. Chaque épreuve impose un seuil minimal à atteindre, et tout manquement grave, particulièrement en sécurité lors du tir, entraîne une élimination immédiate. La présélection physique est impitoyable, garantissant que seuls les candidats les mieux préparés passent à la phase suivante.

LA SÉLECTION

La sélection à proprement parler se déroule sur une semaine complète en janvier, comprenant 34 épreuves intensives. Cette étape pousse les candidats à leurs limites physiques et psychologiques, notamment grâce à des mises en situation stressantes, des exercices d'endurance extrême et des privations de sommeil. Les épreuves incluent du tir avancé, des simulations opérationnelles, des tests de claustrophobie, de vertige, d'aquaphobie, ainsi que des évaluations psychologiques rigoureuses.

L'objectif est de cerner précisément la personnalité profonde de chaque candidat sous stress intense et dans un état de fatigue extrême. Cette sélection finale, surnommée « la semaine d'enfer », commence habituellement avec 30 à 40 candidats pour n'en retenir finalement qu'entre 8 et 12. Durant ces journées éprouvantes, les candidats dorment sur des lits de camp installés directement dans

le stand de tir du RAID. Chaque jour, au fil des éliminations, un lit se replie pour mettre en exergue le fait que le groupe se réduit et augmenter encore la pression psychologique sur ceux qui restent.
Parmi les dernières épreuves, il y a les combats de boxe et de jiu-jitsu brésilien (JJB). Les candidats affrontent d'abord leurs camarades, puis des opérateurs aguerris du RAID, souvent champions du monde ou athlètes de niveau international. L'objectif est simple : pousser les impétrants jusqu'à leurs limites physiques et psychologiques afin d'évaluer s'ils sont capables de conserver une « agressivité contrôlée », cruciale lors des interventions. Les médecins du RAID sont systématiquement présents pour soigner les blessures issues de ces confrontations, qu'elles soient physiques, psychologiques ou émotionnelles.

Dans ces moments intenses, impossible de mentir ou de feindre. Autour du ring, une trentaine d'opérateurs du RAID encouragent, crient et évaluent les comportements des candidats. Celui qui met son adversaire à terre d'un direct au foie est aussi celui qui, quelques instants après, l'aide à se relever, l'encourage et laisse une fenêtre d'expression pour qu'il révèle « sa boxe ». Au terme des trois minutes d'un combat intense, un profond respect s'installe. Les candidats et les opérateurs se souviennent longtemps de celui qui est monté face à eux sur le ring : un respect indéfectible naît de ces échanges, tel un rite initiatique qui marque à jamais les futurs opérateurs.
Cette semaine éprouvante se conclut par un entretien solennel face au chef du RAID, ses adjoints, ainsi que des officiers et des chefs de groupe. Si la décision finale est prise collégialement, c'est bien le chef de l'unité qui conserve le dernier mot. Le RAID recherche ainsi des profils capables de performances individuelles exceptionnelles, mais toujours mises au profit du groupe. Oublier ce principe fondamental revient à s'auto-éliminer.

Épreuve finale redoutée par les candidats : un combat de boxe contre un opérateur du RAID spécialiste de la discipline.

LA FORMATION

Ensuite, la formation des nouvelles recrues débute dès mars. Elle comprend un premier stage au Centre national de tir (CNT), suivi de modules variés portant sur les techniques d'intervention en hauteur, la filature, les situations NRBC, la reconnaissance d'engins explosifs et des formations poussées en techniques d'intervention et de préparation mentale intégrée. Ces stages intensifs durent plusieurs semaines, et sont validants et qualifiants. À l'issue de la formation initiale, les recrues intègrent leurs antennes respectives en septembre, tout en restant en période probatoire pendant six mois supplémentaires. Le brevet d'intervention définitif est attribué après deux années effectives passées au RAID.

Le RAID recherche avant tout des individus humbles, capables de dépassement de soi sans jamais compromettre la sécurité collective ou le bon déroulement des interventions. La clairvoyance, la capacité d'apprentissage, la résistance au stress sont primordiales. Les qualités psychologiques sont la clé : la capacité à rester calme sous pression, à communiquer efficacement, et à faire preuve d'empathie et de solidarité envers ses co-équipiers.

Bruno Pomart décrit une épreuve emblématique de la sélection consistant à sauter d'un viaduc de 30 à 40 mètres de haut avec une corde. Cette épreuve

Cérémonie de remise des écussons RAID, première étape en tant que nouvelle recrue.

teste la gestion du stress et de la peur, tout en observant le sens de la sécurité des candidats. Il souligne que le RAID ne veut pas de héros imprudents mais des individus responsables et conscients de leurs limites. D'autres tests évaluent l'agressivité contrôlée, la réaction face aux attaques de chiens ou encore les capacités de résilience et d'abnégation.

Opérateur historique du RAID, Jean-Jacques Hervé se souvient que la sélection ne se limite pas aux capacités physiques : les formateurs cherchent avant tout à observer les attitudes des candidats face au collectif dans des situations difficiles. La solidarité et l'entraide dans ces moments critiques sont absolument cruciales pour réussir les missions opérationnelles du RAID.

Les épreuves restent identiques pour les hommes et les femmes, avec les mêmes critères de notation pour intégrer les groupes d'intervention. Certaines spécialités comme tireurs d'élite, cynotechniques, négociateurs ou techniciens, comportent toutefois des tests spécifiques supplémentaires adaptés à leurs domaines d'expertise.

Des épreuves de vertige testent la peur du vide et la lucidité. Chaque année les épreuves évoluent, ici une épreuve vertige en extérieur par 0 degrés.

CE NATIONALE

CHAPITRE 6

Ils ont été chefs du RAID

Les chefs du RAID sont des hommes d'exception, aux caractères forgés par les épreuves. Ils sont la mémoire vivante de l'unité.

Les plus anciens transmettent fidèlement aux suivants les valeurs et les traditions de l'unité, de sorte que l'âme du RAID résiste à l'épreuve du temps.

ANGE MANCINI (1985-1990)

Ange Mancini n'est pas seulement le premier chef du RAID : il en est l'âme. Ange Mancini a laissé au RAID une part de lui-même et lui a légué sa philosophie si particulière, faite d'humilité et d'humour. Aujourd'hui encore, le RAID porte l'empreinte indélébile de son premier chef, profondément convaincu par la force tranquille de l'action déterminée mais toujours mesurée.

Dans les années 1980, si la Gendarmerie nationale dispose bien d'un GIGN, du côté policier, le besoin d'une unité nationale équivalente devient de plus en plus pressant. À l'époque, Ange Mancini, épaulé par Robert Broussard, souhaite initialement transformer la BRI de Paris en une unité nationale, mais il se heurte au refus du directeur de la Police judiciaire parisienne, attaché à conserver la BRI telle quelle. Face à cette impasse, c'est finalement sous l'impulsion du ministre de l'Intérieur Pierre Joxe qu'Ange Mancini se voit confier la responsabilité de diriger une toute nouvelle unité : le RAID.

Ange Mancini est un homme d'action, et aussi de convictions. Dès la création du RAID en 1985, il insiste pour que les valeurs d'humilité et d'engagement soient au cœur de l'unité. À l'époque, l'unité ne compte que 80 hommes, équipés simplement d'un bleu de travail brodé du célèbre insigne RAID, incarné par une panthère tranquille – symbole choisi précisément parce qu'elle incarne à la fois la force et le calme. Aux yeux d'Ange Mancini, la panthère est parfaitement adaptée à une unité telle que le RAID, dont la mission première est la dissuasion pacifique par l'efficacité opérationnelle.

En tant que chef du RAID, Ange Mancini vit son baptême du feu médiatique lors de la prise d'otages au tribunal de Nantes, le 19 décembre 1985. Ce jour-là, Georges Courtois, un braqueur multirécidiviste, prend en otage 33 personnes en plein procès. Toute la France, fascinée par l'affaire, découvre les images retransmises en direct à la télévision. Sur place, Ange Mancini gère avec finesse la crise, convaincu que la négociation repose sur un subtil équilibre, une sorte de dissuasion réciproque où chaque demande des preneurs d'otages est assortie d'une contrepartie exigée par le RAID. L'affaire s'achève sans effusion de sang, confirmant la pertinence de son approche.

Le RAID connaît aussi des revers, comme lors de l'affaire du gang des égoutiers de Marseille en 1987. Trop sûrs d'eux après plusieurs succès notoires, les hommes du RAID se font duper par les malfaiteurs, qui s'échappent par les égouts. Ce rappel à l'humilité conforte Ange Mancini dans sa conviction première : nul n'est infaillible, et l'humilité doit rester une vertu cardinale.

Au cours des années où il a été chef du RAID, la date du 31 août 1989 est celle d'une tragédie personnelle et collective. À Ris-Orangis, lors d'une opération particulièrement complexe, Ange Mancini perd deux de ses hommes : l'inspecteur Christian Caron et le sous-brigadier Fernand Seither. Cette épreuve douloureuse éclaire une autre facette de sa personnalité : en tant que chef, il assume la mission la plus difficile, celle qui consiste à annoncer la mort aux familles. Lorsqu'il arrive chez Christian Caron, dont il est un ami proche et connaît personnellement les trois enfants, la réaction bouleversante de son épouse, comprenant immédiatement la gravité de la situation, reste gravée en lui. Fernand Seither, qui attend son premier enfant, n'a, quant à lui, que 31 ans. Ange Mancini se souvient de ce moment avec une émotion intacte et rappelle qu'endosser le rôle du chef, c'est porter ces tragédies et en assumer le poids.

Interrogé des années plus tard sur ce qu'il retire de ses cinq années passées à la tête du RAID, Ange Mancini évoque avant tout l'importance capitale de l'humain. Cette unité lui a appris le sens profond du collectif et du sacrifice personnel au bénéfice du groupe. Quand il quitte le RAID, il prend soin de ne pas intervenir dans la gestion quotidienne de l'unité, conscient qu'il faut laisser la place aux générations suivantes pour que l'unité continue à évoluer. Depuis son départ, il reste attaché à jamais au RAID. Il en partage les joies et les peines, tout en gardant la distance nécessaire pour ne pas gêner ses successeurs.

Quarante ans après sa création, lorsqu'on lui demande de commenter ce qu'est devenu le RAID, Ange Mancini répond avec l'humour qui le caractérise : « Ça me fait chier, car ça veut dire que j'ai vieilli. » Derrière cette boutade se cache la fierté de voir que le RAID a su rester fidèle à ses valeurs originelles tout en s'adaptant constamment aux nouvelles réalités opérationnelles.

Ange Mancini laisse ainsi l'image d'un chef profondément humain, lucide et engagé, convaincu que l'humilité, l'humour et la cohésion collective sont les clés de l'efficacité opérationnelle et de la pérennité du RAID.

LOUIS BAYON (1990-1996)

Louis Bayon, parti trop tôt à l'été 2023, fut à la tête du RAID pendant six ans. Né en 1945 à Grâce-Uzel, dans les Côtes-d'Armor, il est connu de tous dans la police pour son mutisme légendaire, ne s'exprimant que brièvement, et toujours de manière précise. Ce caractère à l'emporte-pièce lui permet de prendre des décisions fermes et assumées. Entré dans la police en 1968, il est successivement à la tête des groupes de répression du banditisme de Strasbourg, Versailles et Marseille, puis chef de la sûreté urbaine de Rennes avant d'être nommé chef du RAID en 1990 par Pierre Joxe. À ce poste, Louis Bayon gère plusieurs crises majeures : des mutineries dans les prisons françaises, des opérations délicates contre l'ETA militaire et des réseaux proches d'Al-Qaïda, jusqu'à la neutralisation dramatique du gang de Roubaix. Mais l'affaire la plus marquante sous sa direction est sans conteste la prise d'otages de la maternelle de Neuilly, en mai 1993. Face à Éric Schmitt, alias « Human Bomb », Louis Bayon fait preuve d'un sang-froid exemplaire. Après son départ du RAID en 1996, il poursuit discrètement une carrière à la Police judiciaire, ne faisant jamais parler de lui. À son décès, ce grand flic silencieux laisse dans la mémoire collective une empreinte aussi discrète qu'indélébile.

GÉRARD ZERBI (1996-1999)

Gérard Zerbi, disparu le 8 novembre 2017, était un Corse truculent et puissamment charismatique. Né à Marseille le 12 février 1950, ce fils d'officier de marine, titulaire d'une maîtrise en droit privé obtenue à l'université d'Aix-en-Provence, gravit rapidement les échelons de la Police judiciaire à Ajaccio, Besançon puis Versailles, avant d'être affecté dans les Hauts-de-Seine et de devenir chef du RAID en 1996. Doté d'un humour légendaire, d'une lucidité pénétrante et d'une ténacité sans égale, Gérard Zerbi savait mieux que quiconque convaincre par son insistance. Sa personnalité chaleureuse, drôle et profondément attachante marque le RAID, et tous ceux qui ont servi sous ses ordres se rappellent de lui avec une sincère affection.

JEAN-GUSTAVE PAULMIER (1999-2002)

Jean-Gustave Paulmier ne se prédestinait pas à devenir policier. « J'étais parti pour être notaire, sur les traces de mon père », confie-t-il. Sur les bancs de la faculté de droit, un ami se lance dans la préparation du concours de commissaire de police. À l'IEJ de Caen, Jean-Gustave Paulmier le suit et réussit le concours. Une fois à l'École nationale supérieure de police (ENSP), la police judiciaire est une révélation. Ce sera ça ou rien. Et ce

sera ça : « Je voulais enquêter. Je suis entré dans la police pour cela et rien d'autre », raconte-t-il sans détour.
Sa carrière débute en 1979, dans le Val-d'Oise. Il enchaîne ensuite les affectations prestigieuses : PJ de Versailles, Office des stupéfiants, BRI de Marseille puis devient chef de l'Office central pour la répression du banditisme (OCRB). En 1999, après vingt ans d'une carrière exemplaire, Jean-Gustave Paulmier se voit proposer la tête du RAID. Il hésite peu : « Quand Jean-Pierre Chevènement vous reçoit et vous annonce qu'il va vous confier le RAID, vous ne pouvez pas refuser. » Pendant trois ans, il dirige l'unité avec une rigueur et une disponibilité sans faille.
À la tête du RAID, Jean-Gustave Paulmier gère plusieurs crises de très haute intensité, notamment en 2001 à la prison de Fresnes. Deux détenus, aidés par des complices extérieurs, tentent une évasion spectaculaire par hélicoptère. La tentative tourne mal et leurs complices parviennent à larguer un sac rempli d'armes dans la cour. La tentative d'évasion se transforme en prise d'otages. Pendant 24 heures sous haute tension, Jean-Gustave Paulmier pilote le dispositif avec un sang-froid exemplaire. « C'est pour ce type de mission que le RAID a été créé », ajoute-t-il. Cette opération se solde finalement par un succès grâce à une négociation minutieuse, sans que les otages soient blessés. « On le doit au très grand professionnalisme des opérateurs du RAID », conclut-il.
Après trois années passées à la tête de l'unité, marquées par une implication de chaque instant, Jean-Gustave Paulmier décide de passer la main. « Trois ans, c'était très bien », explique-t-il sereinement. Il poursuit ensuite sa carrière comme attaché de sécurité intérieure à l'ambassade de France à Moscou puis à Belgrade. Aujourd'hui, à ses successeurs et aux opérateurs du RAID, Jean-Gustave Paulmier adresse un message simple et sincère : « Soyez toujours prêts, toujours disponibles, mais surtout n'oubliez jamais que derrière chaque intervention, c'est l'humain qui fait la différence. »

CHRISTIAN LAMBERT (2002-2004)

Si l'histoire du RAID doit se lire à travers les visages et les parcours des chefs qui l'ont façonné, celui de Christian Lambert s'impose rapidement comme l'un des plus emblématiques. Homme discret mais profondément habité par le sens du devoir, son parcours exceptionnel a contribué à l'identité et à l'esprit du RAID.

Dès les premières réflexions autour de la création du RAID, Christian Lambert est présent aux côtés de Robert Broussard. Comme lui, il est convaincu que la France a besoin d'une unité de police d'élite, équivalente au GIGN et capable d'intervenir sur l'ensemble du territoire national, avec rapidité et efficacité.

Christian Lambert se souvient de la toute première fois où il se rend sur le site de Bièvres, futur quartier général du RAID. Là encore, il est aux avant-postes. Aux côtés du ministre de l'Intérieur de l'époque, Pierre Joxe, il découvre avec lui le terrain du domaine de Bel-Air, idéalement situé près d'un aérodrome et d'une autoroute. Sans rien dire, Pierre Joxe, Robert Broussard et lui comprennent immédiatement le potentiel stratégique du lieu. Il suffit d'une unique visite et ce domaine devient le quartier général du futur RAID.

Au moment de la création officielle du RAID en 1985, Christian Lambert est affecté à l'UCLAT (Unité de coordination de la lutte antiterroriste), mais il reste étroitement lié à Bièvres. Il suit personnellement les travaux d'aménagement du site et intervient régulièrement en appui opérationnel, notamment lors de la fameuse prise d'otages au tribunal de Nantes, aux côtés de Robert Broussard et d'Ange Mancini.

À l'issue de sa scolarité à l'École nationale supérieure de la police (ENSP) en 1988, Christian Lambert rejoint rapidement la section antiterroriste des Renseignements généraux, puis contribue à la création de la Brigade de renseignement et d'enquête criminelle (BREC). Cette unité novatrice, spécialisée dans l'analyse et la prévention des violences urbaines, lui permet d'approfondir son expérience dans la gestion des crises de sécurité publique.

Lors de la prise d'otages de l'école maternelle de Neuilly, en 1993, Christian Lambert se tient, une fois encore, aux côtés du RAID. Affecté à la Police judiciaire de Versailles, c'est lui qui apporte une valise remplie de billets en réponse à la demande de rançon du preneur d'otages. Mais c'est véritablement en 1994 qu'il intègre l'unité comme numéro deux. Devenu L2, comme on dit dans le jargon, il retrouve Bièvres, qu'il ne quitte plus pendant dix ans.

Lorsque Christian Lambert prend ses fonctions de numéro deux sous l'autorité de Louis Bayon, le RAID est pleinement engagé dans deux grands défis : l'intervention lors de prises d'otages par des personnes retranchées, et la lutte contre la menace islamiste, encore émergente. En 1996, la neutralisation du gang de Roubaix marque une rupture profonde. Là-bas, face à des adversaires particulièrement déterminés et lourdement armés, le RAID affronte une résistance de nature militaire. Cette intervention constitue un véritable tournant et transforme radicalement les méthodes et les équipements de l'unité.

En 1996, Gérard Zerbi devient chef du RAID et Christian Lambert reste son adjoint. Gérard Zerbi cultive une relation particulièrement fraternelle avec lui, qu'il surnomme affectueusement « le panda » en raison de sa propension à ne jamais dormir et de ses yeux cernés. Un jour, mis de force dans sa voiture par Gérard Zerbi pour l'obliger à prendre quelques jours de repos, Christian Lambert n'hésite pas une seconde à revenir immédiatement à Bièvres alors qu'il se trouve à plusieurs heures de route de là, lorsqu'il apprend qu'une intervention contre un forcené est en cours. Son sens du devoir est absolu.

En 2002, lorsque Nicolas Sarkozy, alors ministre de l'Intérieur, lui propose de prendre la direction du RAID, Christian Lambert accepte avec la pleine conscience des responsabilités immenses qui lui incombent désormais. Pour son mandat de chef du RAID, Nicolas Sarkozy fixe une priorité claire : mettre un terme à la cavale d'Yvan Colonna, l'assassin du préfet Érignac.

Pour réussir cette traque complexe en Corse, Christian Lambert décide de rétablir au RAID une section entière dédiée aux investigations et aux filatures. Il prend également la décision audacieuse d'ouvrir l'unité aux femmes, une première historique, afin de rendre les opérations de filature plus discrètes et plus crédibles sur l'île. Sa conviction profonde est qu'Yvan Colonna n'a jamais quitté la Corse. Son instinct ne le trahit pas : en 2003, l'interpellation du fugitif constitue un moment d'intense soulagement pour lui et l'unité entière, avec la satisfaction immense du devoir accompli.

Après dix ans passés à Bièvres, le jour où Christian Lambert doit quitter le domaine de Bel-Air est un moment de vive émotion. « Épouvantable », c'est ainsi qu'il décrit ce moment particulier où il ferme son bureau. Submergé par l'émotion, il refuse même d'y récupérer ses affaires personnelles, tant la rupture lui est difficile. Derrière cette porte, il laisse des années d'une intensité exceptionnelle, rythmées par des joies profondes, des succès remarquables, mais aussi par des drames terribles.

Toutefois, une chose atténue sa nostalgie : le fait de confier le RAID à Jean-Louis Fiamenghi, son ami et compagnon d'armes de longue date. Il sait que l'unité restera entre de bonnes mains et que Bièvres lui ouvrira toujours ses portes. Christian Lambert continue ainsi, à chaque visite, à admirer l'évolution constante d'une unité qu'il a vu naître de presque rien.

Lorsqu'il évoque ses années à la tête du RAID, Christian Lambert parle avec une pudeur sincère et profonde. Sa plus grande fierté reste d'avoir commandé des hommes et des femmes d'une bravoure exceptionnelle, prêts à tous les sacrifices pour sauver des vies. Le respect qu'il éprouve pour eux le conduit à souligner régulièrement l'importance fondamentale des hommages rendus aux blessés et aux morts en opération. Sur un plan concret, la construction du stand de tir à Bièvres constitue aussi une grande satisfaction personnelle, un héritage matériel qu'il lègue à ses successeurs.

Christian Lambert incarne pleinement l'âme du RAID : un homme droit, entièrement tourné vers l'action collective, capable de sacrifices personnels immenses pour protéger les autres. Son parcours exceptionnel, ponctué par le courage, l'abnégation et la loyauté indéfectible au groupe, demeure aujourd'hui un exemple puissant pour chaque nouvelle génération d'opérateurs de l'unité.

JEAN-LOUIS FIAMENGHI (2004-2007)

Rien ne prédestinait Jean-Louis Fiamenghi à devenir policier. Né en 1950 dans une famille de militaires, il grandit entre plusieurs pays, au gré des mutations professionnelles de son père. De cette enfance itinérante, il conserve un goût prononcé pour l'aventure, la découverte et,

bien sûr, l'action. Sa vocation initiale est le journalisme. Il se voit reporter de guerre : parcourir les terrains dangereux du globe, caméra à la main, prêt à témoigner du tumulte du monde.

Le destin en décide autrement. Un jour, croisant par hasard dans le métro parisien un ami devenu policier, il apprend que la Police nationale recrute. Jean-Louis Fiamenghi décide de passer les tests. Admis dans les rangs de la police, il fait ses premières armes à la brigade de répression du banditisme, se consacrant à la lutte contre les pickpockets et la petite délinquance de rue. Rapidement, son talent pour l'observation et les filatures l'amène à devenir motard en civil, un poste qui aiguise sa capacité à décrypter les comportements criminels avec discrétion et efficacité.

Un jour, alors qu'il ouvre un compte en banque, un braquage se déroule sous ses yeux. La BRI, saisie du dossier, remarque ce jeune policier courageux et perspicace, et l'intègre immédiatement à l'équipe chargée de retrouver les auteurs. À seulement 24 ans, Jean-Louis Fiamenghi rejoint ainsi la prestigieuse BRI, l'Antigang parisien, dirigée par l'emblématique Robert Broussard.

Il y travaille notamment sur l'une des affaires les plus médiatiques des années 1970 : celle de Jacques Mesrine. En 1978, lorsque Jacques Mesrine s'évade de prison, Robert Broussard constitue une équipe de policiers chevronnés pour retrouver celui que la presse surnomme l'« ennemi public numéro 1 ». Jean-Louis Fiamenghi en fait partie. Après plus d'un an de traque acharnée, l'équipe formée par Robert Broussard parvient enfin à localiser Jacques Mesrine. Le 2 novembre 1979, il est neutralisé porte de Clignancourt et Jean-Louis Fiamenghi compte à présent parmi les policiers célèbres.

Lors de la création du RAID en 1985, Jean-Louis Fiamenghi se trouve loin de la France, en Tunisie. Il travaille alors comme conseiller technique, chargé de former une unité antiterroriste locale. Ange Mancini lui propose immédiatement de rejoindre

cette nouvelle unité, mais Jean-Louis Fiamenghi décline l'offre, préférant préserver sa vie de famille à Tunis.
Sa première visite à Bièvres, siège du RAID, remonte à septembre 1985, lors d'une soirée organisée par Robert Broussard et Ange Mancini afin de constituer cette unité : beaucoup d'anciens collègues et amis de l'Antigang l'ont rejoint. Au fil des ans, les chemins de Jean-Louis Fiamenghi et du RAID ne cessent de se croiser, notamment grâce aux formations qu'il suit à Bièvres. Mais ce n'est qu'en octobre 2002 qu'il intègre officiellement l'unité, en tant qu'adjoint de Christian Lambert.
Cette même année, Nicolas Sarkozy, alors ministre de l'Intérieur, confie au RAID la mission de retrouver Yvan Colonna, l'un des dossiers les plus sensibles du moment. Jusque-là, le RAID était surtout perçu comme une unité d'intervention, mais ses fondateurs avaient tenu dès l'origine à le doter de capacités de surveillance, de filature et de renseignement. Jean-Louis Fiamenghi, devenu numéro 2, connaît bien le terrorisme et le banditisme corses grâce à ses années passées à la Section Opérationnelle de recherche et de surveillance (SORS) des Renseignements généraux (RG). Il joue alors un rôle déterminant dans la recherche d'Yvan Colonna. Comme Christian Lambert, Jean-Louis Fiamenghi est convaincu que l'indépendantiste corse n'a jamais quitté l'île. Persuadé que le fugitif se cache parmi les siens, en Corse, il multiplie les efforts pour identifier son refuge. L'expérience acquise dans les milieux nationalistes lui permet de recueillir des informations décisives et de cibler la zone de Propriano. L'unité inspecte méthodiquement plus de 200 bergeries, lieux retirés et difficiles d'accès. Mais les Corses sont méfiants et les filatures masculines éveillent rapidement les soupçons. C'est ainsi que, avec Christian Lambert, il décide pour la première fois d'intégrer des femmes, afin de rendre les surveillances bien plus discrètes et efficaces. À force de travail, le RAID parvient à localiser Yvan Colonna et à l'interpeller.
En 2004, Jean-Louis Fiamenghi devient officiellement chef du RAID. À la tête de l'unité, il doit immédiatement affronter les violentes émeutes de 2005. Son rôle est alors clair : apporter expertise et soutien à l'ensemble des forces de police engagées sur le terrain, en procédant notamment à des interpellations ciblées.
Sous son commandement, le RAID connaît des changements majeurs, comme l'arrivée définitive des femmes au sein de l'unité ou la construction d'un stand de tir à Bièvres, concrétisant une initiative

qu'avait prise Christian Lambert et qui améliore considérablement la qualité des entraînements.

Lorsqu'il quitte ses fonctions au RAID pour prendre la tête du Service de protection des hautes personnalités en 2007, Jean-Louis Fiamenghi emporte avec lui un double sentiment : d'abord le regret de ne pas avoir pu intégrer pleinement les GIPN au sein du RAID, mais, surtout, une immense fierté liée à la capture d'Yvan Colonna. Jean-Louis Fiamenghi lègue au RAID ses valeurs d'humilité et de patience, ainsi que son sens aigu du collectif.

AMAURY DE HAUTECLOCQUE (2007-2013)

Ce fils de famille à forte tradition militaire aurait naturellement pu se tourner vers une autre carrière que celle de policier. Comme tant d'autres histoires singulières, celle d'Amaury de Hauteclocque débute par une rencontre fortuite. Son voisin de quartier, Frédéric Péchenard, immense policier et futur grand patron de la Police nationale, est aussi celui qui, sans vraiment le vouloir, détourne définitivement son destin du monde militaire pour le conduire au cœur du mythique 36 quai des Orfèvres. À travers les récits captivants de Frédéric Péchenard, Amaury de Hauteclocque comprend vite que l'essence même de l'action policière est intimement liée à la Police judiciaire. Séduit, il renonce à l'uniforme de l'armée de Terre pour celui de commissaire de police.

À peine sorti de l'ENSP, Amaury de Hauteclocque est plongé dans le tourbillon de la Police judiciaire parisienne. Ses débuts se font dans la rigueur et l'exigence. Il apprend vite à obtenir des résultats probants avec très peu de moyens. Après un passage réussi comme chef du commissariat du quartier de Bel-Air, il rejoint le 36 quai des Orfèvres, où il intègre la brigade des stups. Pendant cinq ans, il y vit au rythme trépidant des opérations antidrogue, traquant les réseaux, de jour comme de nuit, à une cadence effrénée.

En 2001, cherchant à ralentir un peu le rythme d'une vie très intense, Amaury de Hauteclocque aspire à intégrer une unité réputée plus calme à l'époque : la section antiterroriste. Mais son rythme de travail ne décélère pas, bien au contraire : son arrivée au sein de ce service est concomitante des attentats du 11 septembre 2001. La vie plus tranquille peut attendre. Une nouvelle mission est là, et elle consiste à combattre une menace terroriste désormais mondialisée, rien de moins !

La première rencontre d'Amaury de Hauteclocque avec le RAID survient durant sa formation d'élève commissaire. Fasciné par l'esprit de cette unité d'élite, il candidate pour y effectuer son stage. À sa grande surprise, il est retenu. Alors dirigé par Louis Bayon, le RAID lui ouvre pleinement ses portes. Amaury de Hauteclocque découvre de l'intérieur la solidarité exceptionnelle et le professionnalisme hors-norme des hommes du RAID, mais aussi l'humilité et la cohésion de l'unité. Malgré cette première expérience concluante, il sait qu'il est encore trop jeune pour intégrer pleinement le RAID. Il se résout à partir vers la Police judiciaire, tout en conservant des liens étroits avec ses collègues du RAID. Il sait au fond de lui que son moment viendra.

Ce moment arrive de manière totalement inattendue en 2007. Frédéric Péchenard, son éternel mentor devenu patron de la Police nationale, lui propose de l'accompagner à Bièvres sans lui expliquer la raison exacte de cette visite. Amaury de Hauteclocque s'y rend, intrigué. Sur place, la ministre de l'Intérieur, Michèle Alliot-Marie, l'accueille chaleureusement. À peine arrivé, Frédéric Péchenard lance à la ministre, avec un naturel déconcertant : « Je vous présente le nouveau chef du RAID. » Amaury de Hauteclocque masque difficilement sa stupéfaction face à cette annonce impromptue. Mais cette surprise fait vite place à une joie profonde et à une détermination immédiate. Pour assurer une transition en douceur, il bénéficie d'une semaine d'intérim avec Jean-Louis Fiamenghi, alors numéro 1 sortant. Le message clé transmis par ce dernier est limpide : préserver à tout prix l'esprit de groupe.

En 2008, sous son impulsion, le RAID se réinvente. La menace terroriste évolue : les attentats coordonnés de Bombay en novembre de cette année révèlent une nouvelle dimension du terrorisme, qui nécessite une réponse encore plus rapide, plus efficace et mieux coordonnée entre les unités. Amaury de Hauteclocque pousse alors au rapprochement stratégique avec le GIGN, et les deux unités d'intervention commencent à travailler ensemble pour anticiper ce type de menace nouvelle. Par ailleurs, face au recul de l'autonomisme basque et corse, Amaury de Hauteclocque décide de réorienter le RAID vers des menaces plus actuelles – et notamment l'islam radical. L'unité redéfinit ses priorités : elle quitte progressivement la Corse et se recentre sur le continent.

En mars 2012, l'affaire Merah bouleverse profondément le RAID et son chef. À Toulouse, retranché dans son appartement, le terroriste Mohammed Merah attend les forces de l'ordre. L'intervention du RAID dure trente-deux heures, sous une pression médiatique et politique inédite, en pleine campagne présidentielle. Lorsque le RAID intervient, les hommes d'Amaury de Hauteclocque n'ont pas conscience de l'emballement médiatique. À leur retour, ils découvrent, stupéfaits, l'ampleur prise par l'opération dans la presse. Face à cette nouvelle menace terroriste, incarnée par des individus prêts à mourir, Amaury de Hauteclocque et le RAID doivent revoir leur doctrine. La négociation, jusque-là au cœur de l'action du RAID, est moins efficace face à des ennemis décidés à périr dans l'affrontement. Un autre enseignement majeur est celui de l'importance que revêt la communication interne avec les familles des policiers engagés. Pendant l'opération, les proches des opérateurs suivent l'intervention à travers les chaînes d'information, sans aucune nouvelle directe, ce qui les plonge dans une angoisse insoutenable. Amaury de Hauteclocque décide alors que les familles doivent être mieux informées. Malgré la dureté de cette opération, le RAID ressort plus soudé que jamais. Après l'intervention, beaucoup d'anciens de l'unité ressentent un besoin viscéral de revenir à Bièvres pour manifester leur soutien à leurs collègues éprouvés. Amaury de Hauteclocque comprend, plus encore à cette occasion, que le RAID n'est pas seulement une unité d'élite, mais aussi une famille dont personne ne se sépare jamais totalement.

Lorsqu'on lui demande ce qu'il retient de ses six ans à la tête du RAID, Amaury de Hauteclocque évoque immédiatement sa plus grande fierté : n'avoir perdu aucun homme sous sa direction, malgré les innombrables dangers affrontés. Cette réponse exprime tout l'homme qu'il est : profondément humain, sensible aux vies dont il porte la responsabilité, et toujours humble. Amaury de Hauteclocque demeure ainsi, dans l'histoire du RAID, le chef qui a affronté la tempête Mohammed Merah avec courage, avec dignité et avec un sens aigu du devoir humain.

JEAN-MICHEL FAUVERGUE (2013-2017)

Jean-Michel Fauvergue a toujours voulu devenir policier. Il porte cette vocation ancrée au cœur comme une évidence. Servir au RAID fait longtemps partie de ses rêves inaccessibles. Pourtant, c'est précisément cet homme, au parcours atypique et déterminé, qui dirige l'unité d'élite de la Police nationale dans les pires tempêtes que la France ait connues : les attentats de 2015 et 2016.

La carrière de Jean-Michel Fauvergue débute comme officier en Seine-Saint-Denis. Reçu au concours interne de commissaire en juin 1984, il hésite un instant lorsqu'il aperçoit, le même jour, le télégramme annonçant la création du RAID. Le dilemme ne dure pas longtemps. Jean-Michel Fauvergue fait le choix de la raison : intégrer l'École Nationale supérieure de la police (ENSP). Durant sa formation, il rencontre Ange Mancini, premier chef du RAID, et lui suggère audacieusement l'ouverture d'un poste d'adjoint-commissaire. Séduit par l'initiative, mais sans possibilité concrète d'y donner suite, Ange Mancini ne sait pas que cet échange est le premier d'une série de petits rendez-vous manqués.

Jean-Michel Fauvergue poursuit son chemin dans la Police judiciaire dans le 93, puis en Nouvelle-Calédonie comme adjoint au groupe de sécurité publique. Sa mission consiste à protéger à la fois les loyalistes et les indépendantistes. Là encore, le RAID croise sa route lorsqu'il contribue très directement à la création du GIPN local. Rentré en métropole, Jean-Michel Fauvergue participe activement à la restructuration de l'ensemble des GIPN, ce qui ne manque pas de renforcer ses liens avec l'unité de Bièvres. Malgré cela, l'idée de diriger un jour le RAID lui semble plus éloignée que jamais.

Mais le destin frappe enfin à sa porte en 2013. Alors que rien ne le laisse présager, le directeur de cabinet de la Direction générale de la Police nationale lui demande subitement s'il est toujours intéressé par le RAID. Deux jours plus tard, il est reçu par le ministre de l'Intérieur, Manuel Valls, qui lui annonce très directement : « Vous êtes le prochain chef du RAID. » Jean-Michel Fauvergue ressent immédiatement le poids immense de cette responsabilité. Être chef du RAID, c'est avoir entre ses mains la vie de ses opérateurs, celle des otages, parfois même le sort de la République.

Dès son installation, Jean-Michel Fauvergue pressent que la menace islamiste, révélée brutalement sous son prédécesseur Amaury de Hauteclocque avec l'affaire Mohammed Merah, va frapper à nouveau. Il sait que les confrontations seront violentes, sans négociation possible. Préoccupé par l'idée de savoir si ses hommes sont prêts, Jean-Michel tape à toutes les portes, sollicitant conseils et retours d'expérience auprès des anciens chefs du RAID.

Le 7 janvier 2015, alors qu'il assiste à des obsèques, Jean-Michel Fauvergue oublie son téléphone chez lui. Lorsqu'il en reprend enfin possession, il découvre avec effroi la nouvelle du massacre de *Charlie Hebdo*. Rapidement mobilisé, il met en alerte tous les GIPN, tout en supervisant les recherches avec le GIGN dans la traque des frères Kouachi. Très vite, la prise d'otages de l'Hypercacher bouleverse ses plans. Arrivé porte de Vincennes, il découvre la complexité d'une intervention filmée en direct et la nécessaire coordination avec le GIGN, à Dammartin-en-Goële. La sortie brutale des frères Kouachi oblige à donner l'assaut à Vincennes, conjointement avec la BRI. L'intervention est un succès : 26 vies sont sauvées. Cette réussite, il la considère, encore aujourd'hui, comme sa plus grande fierté.

Dix mois plus tard, le soir du 13 novembre 2015, Jean-Michel Fauvergue reçoit tout son état-major à dîner chez lui lorsque les attentats éclatent. Deux commandants du RAID, présents au Stade de France, le préviennent immédiatement. Tous se rendent aussitôt à Bièvres pour organiser l'intervention à Paris alors que des attentats ont lieu sur des terrasses du 11e arrondissement et au Bataclan. Au Bataclan, le RAID est chargé de sécuriser le bas de la salle, tandis que la BRI progresse dans les étages. Jean-Michel Fauvergue s'est placé en tête de la colonne. À l'intérieur, il découvre l'ampleur du massacre, le chaos, l'odeur de la poudre mêlée à celle du sang, et le bruit obsédant des téléphones qui vibrent dans les poches des victimes. Il est saisi par l'horreur, mais sa priorité reste d'évacuer les blessés survivants. Pendant des semaines, ses hommes, profondément marqués, se relèvent difficilement de ce traumatisme.

Pourtant, à peine quelques jours après, il faut intervenir à nouveau. À Saint-Denis, la Sous-direction antiterroriste (SDAT) de la Police judiciaire a identifié les terroristes du 13 novembre encore en vie. Face à un commando terroriste lourdement armé et équipé de gilets explosifs, Jean-Michel Fauvergue est pleinement conscient du risque pour ses opérateurs. Le plan initial, dangereux, prévoit de défoncer rapidement la porte pour surprendre les terroristes dans leur sommeil. Parfaitement au fait du drame vécu par l'unité sœur du RAID en Espagne lors de l'interpellation des auteurs des attentats du 11 mars 2004, Jean-Michel Fauvergue redoute les pertes humaines. Avec la porte qui résiste, l'opération prend une tournure différente. Elle sera longue et éprouvante. Mais au bilan, l'objectif est atteint : les terroristes sont neutralisés et un nouveau carnage imminent au centre commercial du quartier de La Défense a été empêché.

Quelques mois plus tard, le RAID est soumis à une nouvelle épreuve. À Magnanville, en juin 2016, l'unité intervient dans une atmosphère émotionnellement lourde alors que les victimes sont deux agents du ministère de l'Intérieur. Malgré cette émotion palpable, les hommes du RAID restent très professionnels et méthodiques. Informés que l'enfant du couple assassiné se trouve au premier étage, l'assaut est ordonné par le rez-de-chaussée. L'enfant, sauvé, est pris en charge par un médecin du RAID, mais ses parents sont morts et le traumatisme est terriblement lourd.

Durant ces années d'épreuves extrêmes, Jean-Michel Fauvergue mesure toute la puissance des fondations posées par ses prédécesseurs. Il quitte ses fonctions en 2017 avec une tristesse réelle, mais aussi un profond soulagement, le même que son prédécesseur. Il emploie d'ailleurs les mêmes mots : « Être chef du RAID, c'est vivre constamment avec la responsabilité de centaines de vies. » Sa plus grande fierté restera toujours les 26 otages sauvés à l'Hypercacher. Son plus grand regret ? Le suicide tragique d'un maître-chien au sein de l'unité, un drame qui l'a profondément marqué, le poussant à s'interroger longtemps sur ce qu'il aurait pu faire pour l'éviter.

Jean-Michel Fauvergue laisse derrière lui une unité transformée, durcie mais soudée à jamais par les épreuves. Chef humain et sensible, il marque de son empreinte l'histoire du RAID en ayant été celui qui a tenu fermement la barre pendant les heures les plus sombres, avec cette devise du RAID qui résonne en lui : « Servir sans faillir. »

JEAN-BAPTISTE DULION (2017-2024)

La trajectoire professionnelle de Jean-Baptiste Dulion est, elle aussi, marquée par l'envie de devenir policier. Élève à l'École nationale supérieure de police (ENSP), il saisit dès la fin de sa scolarité l'occasion d'effectuer son stage au sein du RAID, une unité qu'il découvre pour la première fois pendant deux semaines intenses en immersion totale avec les opérateurs. Rapidement adopté par ses pairs, il partage leur quotidien, participe à leurs entraînements et mesure l'esprit unique qui règne à Bièvres. Cette expérience, bien que courte, marque durablement son esprit.

Les années passent et son véritable rendez-vous avec l'histoire du RAID intervient grâce à Christian Lambert, nouveau chef de l'unité en 2003, qui, conscient de son potentiel, lui propose de devenir son numéro trois. Jean-Baptiste Dulion accepte sans hésiter. À son arrivée, il découvre une unité galvanisée par le récent succès de l'arrestation d'Yvan Colonna en Corse.

Ce contexte particulier marque le début d'une profonde évolution interne au RAID : d'une unité principalement axée sur l'intervention, Jean-Baptiste Dulion accompagne Christian Lambert et Jean-Louis Fiamenghi dans la création d'un véritable groupe de gestion de crise, ajoutant la surveillance discrète à l'intervention, par nature plus musclée. Sous son regard, le RAID diversifie ses compétences et acquiert une polyvalence inédite.

Lors des émeutes urbaines de 2005, Jean-Baptiste Dulion est au cœur des violences. Le RAID, en soutien héliporté des équipes d'interpellation, se révèle décisif pour les forces sur le terrain, renforçant davantage l'unité dans sa mission d'assistance aux autres services de police. Sans-doute y a-t-il là en germe les réflexions de son rôle lors des émeutes de 2023.

En 2008, lorsqu'il quitte le RAID après cinq années exigeantes, Jean-Baptiste Dulion ne pense pas y revenir un jour. Il poursuit sa carrière en d'autres lieux, emportant avec lui la richesse humaine acquise durant cette période marquante pour lui.

Le retour se fait en 2017. Cette année-là, la France est toujours marquée par les attaques terroristes de *Charlie Hebdo*, de l'Hypercacher, du Bataclan, de Magnanville, de Nice et de Saint-Étienne-du-Rouvray. Les membres du RAID, éprouvés par ces événements, attendent de leur chef non seulement qu'il comprenne leur traumatisme, mais aussi qu'il les fédère à nouveau. Jean-Baptiste Dulion, fort de son expérience antérieure au sein de l'unité, incarne naturellement ce rôle. Conscient du poids émotionnel que chacun porte, il se donne pour mission de ressouder le RAID, en veillant particulièrement à accompagner ceux qui ont vécu le pire.

Dès son arrivée, Jean-Baptiste Dulion impose aussi une vision stratégique. Il perçoit que la menace terroriste oblige le RAID à repenser profondément son organisation. Il doit renforcer le maillage territorial afin de diminuer drastiquement les délais d'intervention en cas de crise majeure. Ainsi, sous son impulsion, le RAID se dote de nouvelles antennes partout en métropole, et aussi en outre-mer. En se projetant sur les dix prochaines années, Jean-Baptiste Dulion perçoit l'outre-mer comme une sorte de laboratoire essentiel de l'évolution de l'unité pour qu'elle demeure ce qu'elle est : l'une des meilleures unités de gestion de crise au monde.

En parallèle, l'international s'invite dans sa mission. Lorsque Kaboul est frappée par un attentat au camion piégé près de l'ambassade de France, fin 2017, Jean-Baptiste Dulion comprend immédiatement l'urgence d'augmenter les moyens sur place. En quelques mois, le dispositif en Afghanistan se renforce considérablement : véhicules blindés balisés, équipement lourd, effectifs multipliés, etc. Cette anticipation se révèle décisive lorsque les talibans reprennent brutalement le contrôle de Kaboul en août 2021.

La chute rapide de l'armée afghane constitue une véritable surprise stratégique et, rapidement, il faut armer une cellule de crise à Bièvres pour coordonner le soutien et l'envoi de renforts. Cette gestion rigoureuse et humaine de la crise afghane reste l'un des moments forts de son commandement.

À l'été 2023, la France s'embrase durant plusieurs jours d'émeutes d'une ampleur rarement vue. Comme en 2005, Jean-Baptiste Dulion place le RAID en soutien opérationnel direct, notamment pour la sécurisation des commissariats attaqués et pour les interpellations ciblées des émeutiers. Jean-Baptiste Dulion sait que le RAID n'a pas été conçu pour le maintien de l'ordre classique et il veille donc à ce que la priorité reste l'intervention spécialisée, rapide et décisive, dans des situations critiques.

Enfin, les Jeux olympiques de Paris marquent profondément son temps à la tête du RAID. Ce rendez-vous international, unique dans l'histoire récente du ministère de l'Intérieur, pousse le RAID, le GIGN et la BRI à sortir d'un cadre d'intervention purement territorial. Jean-Baptiste Dulion concourt à ce que ces unités travaillent ensemble comme jamais auparavant, mettant de côté toute rivalité pour garantir la sécurité de millions de personnes. Au bilan, la coopération interservices est réussie, et le pari d'une sécurité exemplaire durant cette période sensible est pleinement tenu.

Chef discret, fédérateur naturel, amateur de rugby et de métal, Jean-Baptiste Dulion est un homme de convictions qui a profondément marqué le RAID par son engagement humain et sa vision opérationnelle. Entre gestion des traumatismes, modernisation de l'unité et anticipation des crises, il laisse derrière lui une unité renforcée, capable d'affronter sereinement les défis complexes de demain.

GUILLAUME CARDY (DEPUIS 2024)

Comme chez certains de ses prédécesseurs, pour Guillaume Cardy, devenir policier est bien plus qu'un simple choix de carrière : c'est une vocation profondément ancrée. Depuis toujours, il se sait habité par un idéal de justice ainsi que par un attachement viscéral à l'ordre et au respect de la loi. Cette vocation, née

sans antécédents familiaux dans la police, n'en est pas moins forte. Une fois le baccalauréat en poche, il rejoint la faculté de droit avec la ferme intention de passer les concours d'entrée dans la police.
Admis au concours de commissaire de police, Guillaume Cardy choisit sans hésiter de réaliser ses premiers pas dans des territoires difficiles, où les enjeux de sécurité publique sont centraux : Saint-Denis, puis Aubervilliers. Il y fait ses premières armes et apprend à composer avec la réalité complexe du terrain, au contact quotidien des problématiques de délinquance et de violence urbaine.
Sa carrière le mène ensuite au cœur de Paris, dans les commissariats sensibles du 10e, du 18e, puis du 11e arrondissement. Homme de terrain par excellence, il s'oriente ensuite vers le service de nuit de l'agglomération parisienne, poste intense qui renforce son expérience opérationnelle et son aptitude à gérer des situations de crises aiguës. Le soir du 13 novembre 2015, lors de l'attaque du Bataclan, Guillaume Cardy entre courageusement dans la salle de spectacle avec son chauffeur pour seul co-équipier. Dans des conditions extrêmement difficiles, face à la confusion et au danger, les deux hommes tirent et neutralisent instinctivement un des trois terroristes. Fidèle à son tempérament discret, il ne mentionne jamais cet acte héroïque. L'entretien mené dans le cadre de la préparation de ce livre anniversaire ne fait pas exception. À la fois héroïque et modeste, Guillaume Cardy incarne parfaitement l'esprit des femmes et des hommes du RAID, ceux qui agissent sans chercher la lumière, simplement guidés par le sens du devoir.
C'est après les attentats du 13 novembre 2015 que Guillaume Cardy franchit pour la première fois la grille de Bièvres. À cette époque, toutes les Brigades anticriminalité (BAC) bénéficient d'une formation intensive assurée par le RAID. Guillaume Cardy est immédiatement marqué par la maîtrise exceptionnelle, la rigueur et l'expertise des opérateurs de cette unité mythique. Cette expérience ravive en lui un intérêt professionnel, déjà profond, pour le RAID, dont il perçoit pleinement l'exigence et l'excellence.
Pourtant, envisager d'accéder au poste suprême de chef du RAID lui semble hors de portée. Traditionnellement, ce rôle était plutôt destiné aux policiers issus des filières judiciaires ou ayant déjà servi au RAID par le passé. Un jour, il ose évoquer cette aspiration avec une ancienne collègue de sa promotion. Encouragé par elle, il décide alors de franchir le pas. Il soumet sa candidature au directeur général de la Police nationale, Frédéric Veaux, qui, convaincu de ses qualités, lui

assure immédiatement son soutien. Le ministre de l'Intérieur, Gérald Darmanin, valide ce choix peu après.

Le jour où Guillaume Cardy entre pour la première fois dans le bureau du chef du RAID, il ressent à la fois une immense fierté et la pleine conscience du défi à relever. Investi d'une responsabilité colossale, son rôle, dit-il, est de préserver l'héritage légué par ses prédécesseurs tout en assurant le rayonnement continu de l'unité, tant au niveau national qu'international. Il mesure parfaitement les attentes placées en lui. Pour y faire face, il sait pouvoir compter sur son expérience du terrain, sa solidité opérationnelle et ses qualités humaines.

Guillaume Cardy hérite d'un RAID confronté à de nouveaux enjeux de sécurité intérieure. Sous sa direction, l'unité doit désormais répondre à la recrudescence des violences urbaines, notamment à Mayotte et en Nouvelle-Calédonie, où les tensions sociales conduisent à une adaptation rapide des méthodes traditionnelles d'intervention. Guillaume Cardy perçoit clairement l'impératif stratégique pour l'unité de savoir intervenir en milieu ouvert, là où elle est plutôt formatée pour évoluer en milieu clos.

Il insiste également sur un autre défi : celui de maintenir une efficacité maximale même lorsque les opérateurs sont en nombre limité, en attendant l'arrivée des renforts. Cette exigence requiert une parfaite maîtrise des moyens, une gestion pointue de l'armement et une capacité d'autonomie renforcée pour chaque policier engagé sur le terrain.

De manière plus générale, il considère que la force de l'unité réside avant tout dans son esprit collectif et dans les valeurs profondément ancrées depuis quatre décennies. Il est très sensible à la transmission intergénérationnelle qui caractérise l'unité. Pour lui, chaque opérateur actuel est redevable envers ceux qui l'ont précédé et qui ont forgé l'identité du RAID par leur courage et leur dévouement.

Interrogé sur sa plus grande angoisse, Guillaume Cardy répond sans ambages tout faire pour protéger, coûte que coûte, la vie de ses opérateurs. Chaque intervention porte son lot de risques, évidents ou imprévus, nécessitant une vigilance constante et une exigence opérationnelle absolue.

Guillaume Cardy incarne, lui aussi, la devise du RAID, « Servir sans faillir », avec une rigueur, une humilité et une détermination qui font honneur à cette unité. À travers son parcours, il rappelle que le RAID est avant tout une aventure humaine collective, où l'abnégation, l'excellence et la solidarité sont érigées en vertus cardinales.

POLICE NATIONALE

RAID

CHAPITRE 7

Dos argentés

Le RAID, ce sont avant tout ses opérateurs : leur courage, leur engagement, leur humilité.

Au fil du temps, certains visages se sont distingués, incarnant chacun à leur manière l'identité profonde de l'unité.

Ils se surnomment eux-mêmes les « Dos argentés », clin d'œil affectueux à ces vieux gorilles à dos argenté, veillant sur leur clan avec sagesse et autorité, tout en rappelant que sur les tenues d'intervention, RAID est écrit en lettres couleur argent. Ce sont les anciens du RAID, hommes et femmes ayant servi au moins un jour au sein de cette unité mythique et qui, après avoir quitté ses rangs, restent profondément attachés à son esprit et à ses valeurs. Créée pour faire vivre le lien unique forgé dans l'action, l'Amicale des anciens du RAID rassemble ces personnalités, discrètes ou médiatisées, toutes animées par une même ambition : préserver intacte la mémoire d'une unité qui ne ressemble à aucune autre.

Leur mission dépasse largement les simples retrouvailles nostalgiques ou festives. Elle vise d'abord à renforcer les liens de camaraderie, d'amitié et de solidarité entre ceux qui ont vécu ensemble des situations de crise. Le tutoiement y est de rigueur, signe tangible d'une fraternité totale, nouée dans les épreuves comme dans les succès opérationnels. Mais les Dos argentés ne se contentent pas d'honorer leur passé commun. Leur engagement est aussi celui d'un devoir de mémoire qui vise à entretenir le souvenir des sacrifices consentis, parfois jusqu'à la mort, pour la patrie.

En véritables gardiens de la flamme, les Dos argentés incarnent ce lien essentiel entre hier et demain. À travers eux se transmettent les récits, les anecdotes, les traditions du RAID, autant d'héritages précieux pour les nouvelles générations d'opérateurs. Ils veillent également à amplifier l'intérêt, la sympathie et le soutien dont jouit l'unité, tout en faisant connaître au public ses spécificités uniques et souvent méconnues.

Ce chapitre propose une série de portraits vivants et sensibles d'opérateurs et d'opératrices du RAID, aujourd'hui membres actifs des Dos argentés. Derrière chacun se trouve une histoire singulière, un parcours qui, à sa manière, a contribué à écrire la grande aventure collective du RAID.

JOE SLOCKYJ

Joe Slockyj porte en lui les premiers instants du RAID, son histoire, ses évolutions et, surtout, son âme. Avant même que son parcours ne croise celui de cette unité emblématique, Joe Slockyj effectue son service militaire comme parachutiste : un avant-goût en quelque sorte. Ce passé sous le drapeau français ancre en lui l'ambition profonde d'intégrer un jour une unité spéciale. Policier au sein du service de sécurité rapprochée du secrétaire d'État Joseph Franceschi, bras droit de Gaston Defferre à l'époque, il découvre un jour le télégramme interne annonçant la création d'une nouvelle unité d'intervention : le RAID. Déjà ami avec des membres de la BRI, dont les récits du terrain le fascinent, Joe Slockyj ne réfléchit pas bien longtemps et postule.

Lorsque Joe Slockyj intègre le RAID, son passé de parachutiste lui ouvre naturellement les portes de la spécialité homonyme de l'unité. À ses débuts, la spécialité parachutiste ne revêt pas encore un aspect pleinement opérationnel et s'adresse surtout aux amateurs passionnés parmi les opérateurs. Joe Slockyj s'illustre en remportant les championnats de France de parachutisme police en 1988, mais il faut près d'une décennie au RAID pour que cette spécialité parachutiste acquière véritablement une dimension tactique reconnue.

Au sein du RAID, Joe Slockyj passe brièvement par la spécialité varappe et il effectue notamment un stage à Chamonix avec les CRS de montagne, où il perfectionne ses techniques d'escalade et d'encordement. Puis il rejoint la spécialité « tireur fusil ». Ce groupe est le premier à utiliser une arme désormais mythique : l'Ultima Ratio. Développée par un artisan passionné en étroite collaboration avec les armuriers du RAID, cette arme française révolutionnaire remporte rapidement le marché public et devient l'outil de référence des tireurs de haute précision. Joe Slockyj en mesure toute l'efficacité lors d'événements marquants, comme le bicentenaire de la Révolution, où il est posté avec ses collègues sur les toits entourant la place de la Bastille, prêt à protéger les hautes personnalités.

Le premier grand défi opérationnel de Joe Slockyj au sein du RAID survient en décembre 1985, lors de la prise d'otages au palais de justice de Nantes. Ce jour-là, il effectue avec plusieurs camarades un stage de conduite rapide au Mans, où il apprend à négocier les virages à grande vitesse. Lorsque François Santini reçoit un appel téléphonique urgent, l'entraînement bascule vers la réalité. Immédiatement, Joe et ses collègues quittent Le Mans pour se diriger vers Nantes. Sans équipement, habillés simplement en jean et en baskets, ils rejoignent rapidement les autres opérateurs arrivés de Bièvres avec tout le matériel nécessaire. Après plus de 36 heures sans sommeil, ils prennent position autour du tribunal, assurant la sécurité pendant que les négociations se poursuivent à l'intérieur, sous la direction d'Ange Mancini et de Robert Broussard. Finalement, la prise d'otages s'achève sans effusion de sang. Joe Slockyj, qui conduit le Renault Espace suivant les malfaiteurs après leur reddition, éprouve une joie profonde d'avoir pu contribuer à cette issue pacifique.

Mais la réalité du RAID ne s'écrit pas toujours avec la même légèreté. Le 31 août 1989, l'opération de Ris-Orangis marque dramatiquement l'histoire de l'unité avec la mort de deux opérateurs. Pour Joe Slockyj, comme pour tous ses frères d'armes, ce jour tragique est vécu avec douleur. Joe Slockyj éprouve pour la première fois un deuil qui touche au plus profond l'identité collective du RAID. C'est à cet instant que le « sentiment d'appartenance » prend tout son sens.

Pour Joe Slockyj, quitter le RAID est encore plus difficile que d'y entrer. Conscient de cette réalité, il donne naissance, en 2011, à l'Amicale des anciens opérateurs du RAID, affectueusement surnommés les « Dos argentés ». Chaque année, un week-end est organisé afin de réunir tous les membres dans une atmosphère chaleureuse et fraternelle. Cette amicale permet aussi de transmettre aux nouvelles générations les valeurs fondatrices du RAID : la solidarité, le respect et la camaraderie. Aujourd'hui, l'association regroupe près de 120 anciens opérateurs et elle est, à cet égard, gardienne de la mémoire et de l'esprit unique de cette unité d'élite.

Joe Slockyj incarne, quant à lui, cette fidélité au RAID, cette mémoire vivante d'une unité née de presque rien, devenue incontournable pour la sécurité des Français. En posant les fondations de l'association des « Dos argentés », il a permis à chaque génération d'opérateurs de partager une expérience commune, bien au-delà des années de service, dans une fraternité intemporelle.

JEAN-JACQUES HERVÉ

Avant de devenir l'un des techniciens phares du RAID, Jean-Jacques Hervé ne se prédestine absolument pas à intégrer les rangs de la police. Sa passion première est le sauvetage en mer, activité qu'il exerce avec enthousiasme, loin des interventions à haut risque. Un jour d'été, alors qu'il est sur une plage, il croise la route d'un inspecteur de police en vacances. Intrigué par ce métier, Jean-Jacques Hervé apprend de son interlocuteur que des voies techniques existent bel et bien pour intégrer la Police nationale, même sans formation juridique préalable. Grâce à ce conseil inattendu, Jean-Jacques Hervé présente alors le concours d'inspecteur de police option technique des Telecoms.

Sa carrière au sein de la Police nationale commence à la Direction de la surveillance du territoire (DST), un service chargé du contre-espionnage en France. À cette époque, la DST est l'unique entité policière à disposer d'équipements techniques sophistiqués, destinés notamment aux filatures électroniques et aux écoutes radio dans un contexte de guerre froide. Jean-Jacques Hervé s'y découvre une passion pour ces technologies innovantes et confidentielles. Pendant cinq ans, il approfondit son savoir-faire et devient expert dans l'utilisation d'appareils de surveillance électronique à la pointe.

C'est alors qu'un ami lui fait part d'un télégramme interne annonçant la création d'une nouvelle unité : le RAID. Son profil technique rare peut, pense-t-il, être utile à ce groupe d'intervention nouvellement créé. Intrigué par ce nouveau défi, Jean-Jacques Hervé saisit cette occasion, quitte la DST et rejoint le RAID à sa création. Il y reste onze années. Son savoir-faire devient rapidement essentiel lors des opérations les plus sensibles.

À peine arrivé au RAID, Jean-Jacques Hervé prend des initiatives fortes : installer un laboratoire technique performant, sélectionner des appareils chiffrés numériques adaptés aux besoins spécifiques de l'unité, et surtout utiliser ce matériel dans les conditions extrêmes. En la matière, l'une des missions qui lui restera à jamais en mémoire est sans conteste la prise d'otages de l'école maternelle de Neuilly en 1993. Le groupe technique, dont il est un membre clé, joue un rôle déterminant dans cette opération extrêmement délicate. Lorsque le preneur d'otages, surnommé « Human Bomb », exige un téléphone, Jean-Jacques Hervé raccorde immédiatement la ligne téléphonique de l'école afin de capter, enregistrer et analyser toutes les conversations. Sous la pression de Michel Marie, premier négociateur du RAID, le preneur d'otages accepte même l'installation d'une caméra dans la salle de classe pour essayer de tranquilliser les parents. Cette innovation majeure à l'époque a été rendue possible par l'habileté technique de Jean-Jacques Hervé et de ses collègues. Son groupe prépare aussi minutieusement un véhicule équipé d'une balise destinée à tracer la fuite éventuelle du ravisseur, soulignant l'expertise discrète mais essentielle des techniciens du RAID.

Cette compétence en surveillance électronique conduit Jean-Jacques Hervé à accomplir de nombreuses opérations sensibles, notamment dans le cadre de la lutte contre les indépendantistes basques. Il organise ainsi une surveillance complexe d'un poseur de bombes identifié comme particulièrement dangereux. Pour cette opération, une balise est subtilement placée sous le véhicule du suspect, permettant ainsi une filature précise à distance. Cette technicité unique devient une signature du RAID, reconnue par les autres services de police, qui font régulièrement appel à lui pour ce type de mission.

Parmi ses souvenirs marquants, Jean-Jacques Hervé garde en mémoire un exercice inédit organisé en coopération avec les SAS britanniques dans le tunnel sous la Manche, peu après son ouverture. L'objectif est alors d'anticiper une éventuelle prise d'otages terroriste. Mais sous les profondeurs marines, les communications radio ne passent pas. Jean-Jacques doit faire preuve d'inventivité et se connecte au réseau radio sol-train du tunnel, permettant ainsi d'établir une liaison fiable entre les extrémités du train. Cette intervention pionnière souligne son rôle crucial au sein de l'équipe technique, toujours à la recherche de solutions innovantes en conditions extrêmes.

À travers son parcours, Jean-Jacques Hervé incarne la face cachée, mais ô combien essentielle, du RAID : celle des techniciens capables de combiner innovation technologique et discrétion absolue. Pendant plus d'une décennie, sa contribution a été décisive pour le succès d'opérations complexes, apportant une sécurité supplémentaire aux opérateurs en première ligne. Son histoire témoigne que, derrière chaque succès opérationnel se cache souvent une équipe technique d'exception, prête à relever tous les défis de l'ombre avec sang-froid et ingéniosité.

ROBERT PATUREL

Dans l'histoire du RAID, certains noms incarnent immédiatement l'excellence sportive et l'esprit de camaraderie. Robert Paturel est de ceux-là. Champion accompli, formateur de légende au RAID, il marque profondément l'unité par son expertise, sa personnalité attachante et sa capacité sans pareille pour unir et pour motiver.

Avant même d'arriver au RAID, Robert Paturel est une référence sportive : six fois champion de France de boxe anglaise, champion d'Europe, et créateur reconnu de la méthode Tonfa Sécurité, devenue un pilier de l'entraînement dans la Police nationale. Pourtant, il n'entre pas immédiatement dans l'unité à sa création en 1985. À l'époque, il appartient à la BAC, où il exerce comme policier opérationnel, tout en entraînant ses collègues aux sports de combat. Attaché à ses élèves, fidèle à ses engagements sportifs, Robert Paturel préfère retarder son arrivée à Bièvres, conscient de ses responsabilités vis-à-vis de ceux qu'il forme alors à l'art de la boxe.

C'est finalement en 1988 que Robert Paturel rejoint officiellement le RAID, non seulement comme opérateur, mais surtout comme formateur aux sports de combat et au tir. Dès son arrivée, il participe activement à la création d'un noyau dur de quatre formateurs spécialisés, dont la mission consiste à préparer physiquement et techniquement les opérateurs aux situations les plus extrêmes. Son expertise exceptionnelle et sa pédagogie font rapidement de lui une figure incontournable, respectée de tous. Pour Robert

Paturel, former les opérateurs du RAID va bien au-delà de la technique : il s'agit de transmettre un état d'esprit fondé sur la maîtrise de soi, la solidarité et une profonde humilité.

À la fin des années 1990, son parcours prend une autre dimension lorsqu'on lui propose une mission particulière : former les opérateurs du Groupe d'intervention de la Police nationale (GIPN) de La Réunion. Pendant quatre années, il enseigne avec passion et rigueur les techniques de combat, d'intervention et de protection rapprochée, contribuant à renforcer les compétences opérationnelles de cette unité ultramarine. À son retour en métropole, le RAID le rappelle immédiatement à Bièvres : son expérience précieuse, acquise sous différents horizons, est indispensable à la formation continue des opérateurs de l'unité.

Robert Paturel passe vingt années de sa vie au RAID, dont quatre à La Réunion. Il prend sa retraite en 2007, laissant derrière lui une empreinte durable, marquée par une transmission constante de valeurs humaines autant que sportives. Pourtant, au-delà des prouesses techniques, ce que Robert Paturel retient surtout de son passage au RAID, c'est l'esprit de fraternité, l'attachement sincère que conservent les uns pour les autres des hommes confrontés ensemble à des risques extrêmes. Il décrit volontiers la force du collectif, la confiance absolue dans ses équipiers lors des opérations, et la capacité du groupe à transcender les peurs individuelles. « On intervient en équipe pour faire des choses justes, proprement, avec des copains », résume-t-il avec simplicité et authenticité.

Comme beaucoup, Robert Paturel a vécu douloureusement la tragédie de Ris-Orangis en 1989, où deux policiers du RAID, Christian Caron et Fernand Seither, perdent la vie. Bien qu'absent physiquement ce jour-là, il est très proche d'eux : ce sont ses amis. Pour la première fois, la mort devient une réalité tangible, une blessure profonde au cœur de l'unité. Il témoigne du choc que vivent ses collègues, certains allant jusqu'à démissionner après ce drame. À cette époque, consulter un psychologue est impensable : c'est perçu comme un aveu de faiblesse. Alors les policiers, dont Robert Paturel lui-même, font face par la parole, l'amitié, l'échange au sein du groupe. Robert Paturel compte parmi les premiers à aborder ouvertement au sein de l'unité la question du stress post-traumatique, et participe ainsi à lever progressivement le tabou autour de la santé mentale au RAID.

Lorsqu'il quitte définitivement le RAID, Robert Paturel ressent des émotions similaires à celles éprouvées en raccrochant les gants de boxe. À la satisfaction légitime de clore un chapitre intense, s'ajoute rapidement le regret nostalgique de cette adrénaline incomparable que seules les interventions d'élite procurent. Pour combler ce vide, il se consacre entièrement à la formation. Sa passion et son engagement sont si communicatifs que trois de ses fils suivent ses traces et rejoignent eux aussi les rangs du RAID. Robert Paturel incarne l'âme du RAID : courageux et humble, expert mais toujours ouvert aux autres, profondément attaché à cette unité qui a façonné sa vie autant qu'il a contribué à la façonner. Aujourd'hui encore, sa voix porte dans les couloirs de Bièvres et invite les nouvelles générations à viser l'excellence tout en restant profondément humains.

BRUNO POMART

Le parcours de Bruno Pomart pourrait se résumer en cette simple phrase : une vie au service des autres. Policier pendant trente-six ans, il connaît toutes les facettes du métier, de la sécurité rapprochée des personnalités aux groupes d'intervention. Il est aujourd'hui l'une des figures emblématiques des premières heures du RAID, une unité dont il a accompagné les débuts, vécu les moments forts, et contribué à façonner l'identité.

Bruno Pomart débute sa carrière comme gardien de la paix au sein des CRS, où il apprend les rudiments d'un métier exigeant. Mais, très vite, ses capacités physiques hors du commun et son sang-froid naturel le conduisent vers la sécurité rapprochée de haut niveau. Il assure notamment la protection rapprochée de personnalités sensibles comme Joseph Franceschi, alors secrétaire d'État à la Sécurité publique, une mission risquée à une époque où les menaces corses et arméniennes sont dans tous les esprits. À la même époque, Bruno Pomart se retrouve également chargé de la sécurité d'ingénieurs militaires visés par Action directe, groupe terroriste particulièrement meurtrier. Ces premières expériences façonnent durablement son rapport au risque et lui inculquent une vigilance permanente.

Quand, en 1985, Pierre Joxe décide de créer une nouvelle unité de police spécialisée, Bruno Pomart n'hésite pas une seconde à candidater. La sélection est drastique : parmi 1 200 policiers postulants, seulement 80 seront retenus. Bruno Pomart fait partie de ceux-là et rejoint une équipe hétéroclite, constituée principalement d'anciens de l'Antigang qui ont servi sous les ordres du légendaire Robert Broussard.

Très vite, Bruno Pomart se distingue au sein du RAID par ses qualités athlétiques et ses compétences en sport de combat. Ancien sportif de haut niveau, il a fait partie de l'équipe de France de lutte. Son expertise lui permet rapidement de former ses collègues à des techniques essentielles. Bruno Pomart ne se contente pas d'intervenir en première ligne lors des opérations ; il transmet son savoir-faire, organise des démonstrations pour des unités françaises et étrangères, et devient l'un des formateurs emblématiques du RAID.

Le sentiment d'appartenance à l'unité se forge intensément dans ces premières années. Le RAID cherche encore son identité, ses membres portent d'abord de simples bleus de travail brodés de l'acronyme RAID. Bruno Pomart assiste à l'émergence de l'esprit d'unité, qui se construit autour des victoires et des moments de joie intense, et aussi à travers les tragédies partagées. Les moments douloureux, tels les décès de deux membres du RAID en 1989, renforcent paradoxalement les liens entre ces policiers hors-norme. Avant cette dramatique opération de Ris-Orangis, personne au RAID ne croit possible de perdre l'un des siens.

Parmi les nombreuses opérations qui jalonnent son parcours, Bruno Pomart garde un souvenir encore fort de la prise d'otages à la prison de Fresnes en mai 2001, où la sous-directrice de l'établissement pénitentiaire est retenue captive par un détenu retranché dans un sas. Le preneur d'otage menace de faire exploser une grenade défensive qu'il tient fermement. Face à l'urgence de la situation, Louis Bayon, alors chef du RAID, sollicite l'avis des opérateurs. Bruno Pomart est choisi pour intervenir directement, grâce à son gabarit moins impressionnant qui lui permet de passer pour un surveillant pénitentiaire. Vêtu d'une tenue de maton, il s'approche du preneur d'otage accompagné d'un vrai surveillant. Profitant d'un instant d'inattention, il parvient à le maîtriser. Cet acte héroïque symbolise à lui seul ce qu'est le RAID : un esprit de famille, une solidarité sans faille, et une capacité à risquer sa vie pour sauver celle des autres.

En 2000, après quatorze années au RAID, Bruno Pomart décide de relever un nouveau défi. Le maire de Corbeil-Essonnes lui propose d'intervenir auprès des jeunes des quartiers sensibles, dans un contexte de tensions urbaines croissantes. Fort de son expérience, Bruno Pomart saisit l'occasion de promouvoir une image positive de la police auprès d'une jeunesse souvent en conflit avec l'autorité. Il organise des événements audacieux : descentes d'immeubles en rappel, randonnées à Fontainebleau, des activités destinées à attirer les jeunes vers les valeurs d'engagement et d'excellence que représente toujours le RAID à ses yeux. Il fonde une association rassemblant près de 500 policiers, dont la mission principale est de recréer du lien entre les forces de l'ordre et la jeunesse.

Aujourd'hui encore, Bruno Pomart reste profondément attaché à l'unité. Il continue de suivre avec attention l'évolution du RAID, et rend régulièrement visite aux nouvelles générations d'opérateurs à Bièvres, qu'il appelle affectueusement ses « frères ». Pour lui, le RAID est une grande famille, un lieu d'humanité intense où se nouent des amitiés indéfectibles.

De ses débuts sous l'uniforme improvisé à la reconnaissance publique de son engagement auprès des jeunes, Bruno Pomart aura consacré toute sa carrière au service des autres. Cette trajectoire exceptionnelle, marquée par la bravoure, l'humilité et une générosité authentique, fait aujourd'hui de lui un modèle et un ambassadeur précieux des valeurs du RAID. Il est aussi une voix respectée au sein des Dos argentés, ces anciens du RAID qui continuent de veiller sur l'unité avec passion et fraternité.

« BEN »

Le premier contact de « Ben », comme il est affectueusement surnommé au

RAID, avec l'organisation est pour le moins atypique. Tout commence au début des années 1990, lorsque Bruno Pomart, alors opérateur au RAID, crée l'association RAID Aventure afin de renforcer les liens entre la police et la population. Parmi les nombreuses initiatives organisées par l'association figure une course d'orientation destinée aux jeunes des quartiers populaires. À cette époque, « Ben » est responsable d'une association de boxe. Enthousiasmé par l'initiative, il propose spontanément ses services pour encadrer bénévolement l'événement. Ce jour-là, quelque chose se noue entre Ben et les hommes du RAID : une rencontre humaine, puissante, durable. Dès lors, leurs chemins ne se séparent plus.

À partir de 1993, Ben commence à fréquenter ponctuellement le site de Bièvres, devenant rapidement un visage familier dans les couloirs du RAID. Il faut dire que le profil de cet homme polyvalent et engagé a tout pour séduire les opérateurs : il parle couramment arabe, possède les permis bateau et poids lourd, et excelle en boxe anglaise. Pourtant, il n'est pas policier : c'est un réserviste qui, à force d'engagement et de passion, s'est rendu incontournable. Sa connaissance intime et approfondie de l'unité, acquise au fil de trente ans d'investissement personnel auprès des hommes du RAID, constitue un record inégalé au sein du service.

Aujourd'hui, membre à part entière de la cellule formation, il est chargé de concevoir, d'organiser et de superviser des exercices d'entraînement complexes. Qu'il s'agisse de simulations d'attentats terroristes ou de prises d'otages, Ben se distingue par son extraordinaire capacité d'incarnation. Doté d'une voix puissante et d'un talent impressionnant pour se glisser dans la peau de personnages difficiles, il apporte un réalisme saisissant à chacune de ses interventions.

Lors d'un exercice organisé à La Défense, son interprétation d'un terroriste était si convaincante que plusieurs bénévoles jouant les otages, profondément troublés, ont dû interrompre leur participation. Plus récemment encore, à l'occasion d'un exercice de grande ampleur au Stade de France, visant à préparer l'unité à une éventuelle attaque terroriste durant la Coupe du monde de rugby, c'est encore Ben qui incarne un terroriste chargé d'interagir avec les négociateurs.

Dans le cadre des préparatifs des Jeux olympiques de Paris, il accompagne plusieurs opérateurs du RAID en Hongrie, en Suisse et en Autriche afin de récupérer des bateaux Tornado. Fort de son permis bateau, Ben joue également un rôle clé lors de la cérémonie d'ouverture, assurant la mise à l'eau et la récupération rapide des embarcations, tout en gérant minutieusement la préparation des gilets de sauvetage.

Ce qui l'a séduit, il y a trente ans déjà, c'est avant tout la dimension profondément familiale du RAID. Et, aujourd'hui encore, c'est cette solidarité indéfectible, cet esprit de fraternité authentique entre opérateurs qui le pousse à rester aux côtés de ceux qu'il considère comme des frères d'armes. Pour Ben, ce lien qui unit les hommes du RAID dépasse même la mort. Engagé auprès des familles des disparus, il participe activement à la création d'un tournoi de rugby annuel, organisé en hommage aux opérateurs victimes du devoir. Cet événement, devenu incontournable, rassemble chaque année près de 400 policiers venus de toute la France. Les fonds récoltés à cette occasion sont intégralement reversés aux familles des défunts. Présent lors de la disparition tragique de René Canto, il n'a jamais manqué, depuis, la moindre commémoration de son anniversaire.

Reconnu par ses pairs, Ben a reçu des mains d'Amaury de Hauteclocque le prestigieux brevet d'honneur du RAID, une distinction rare qui illustre parfaitement la place centrale qu'il occupe aujourd'hui dans l'unité. Désormais membre à part entière des « Dos argentés », il fait figure de pilier incontournable, de mémoire vivante et de lien entre les générations. En somme, Ben est l'incarnation même de ce que représente le RAID : une famille soudée par des valeurs communes, la fidélité, l'humilité et l'engagement, faisant de lui bien plus qu'un réserviste, mais un véritable frère d'armes.

TATIANA BRILLANT

Le destin d'une vie tient parfois à une simple lecture. Pour Tatiana Brillant, il bascule lorsqu'elle découvre, dans les colonnes d'un journal, un article signé Michel Marie sur la prise d'otages de l'école maternelle de Neuilly. À travers ces lignes, celui qui a traité avec Human Bomb décrypte les mécanismes subtils et décisifs d'une négociation de crise. Cette lecture est une révélation : Tatiana, juriste de formation, comprend alors ce qu'elle veut faire de sa vie. Sa décision est prise : elle rejoint la Police nationale pour devenir négociatrice au RAID.

À son entrée dans la police en 2000, Tatiana Brillant ne vise que le RAID. Au préalable, sa formation d'officier à l'École nationale supérieure de la police de Cannes-Écluse la conduit classiquement vers un poste en sécurité publique. Direction le commissariat du Vésinet donc, où elle apprend rapidement à affronter les réalités parfois dures du métier. Lors de ces premières années dans la police, sa vocation initiale demeure intacte et, lorsque l'opportunité d'intégrer le RAID se présente, elle saisit immédiatement sa chance.

En 2003, Tatiana Brillant passe les tests de sélection du RAID. À cette époque, l'unité est encore essentiellement masculine, même si l'affaire Colonna marque un tournant dans l'approche du recrutement. L'intégration des femmes y est désormais perçue comme une nécessité stratégique, notamment pour les filatures ou les infiltrations. Malgré sa réussite aux épreuves physiques et psychologiques les plus éprouvantes – attaque de chiens, tirs réels à proximité immédiate, immersion dans un lac en pleine nuit –, Tatiana Brillant n'est pas retenue, un candidat masculin lui étant préféré. Six mois plus tard, le destin lui sourit enfin : le poste se libère, elle est rappelée. En 2004, Tatiana Brillant devient officiellement membre du RAID. Elle est alors la deuxième femme à intégrer la cellule négociation de l'unité. Ses débuts au RAID sont marqués par l'apprentissage rigoureux et méthodique de l'art complexe de la négociation. Elle est accompagnée, formée et conseillée par le chef de la cellule et par la psychologue du groupe. Son intégration est facilitée par sa détermination sans faille, héritée de ses années passées comme gymnaste de haut niveau. Son caractère affirmé, son calme dans les moments de stress intense et sa capacité à garder le ton juste constituent rapidement ses meilleurs atouts. Pour Tatiana Brillant, le pouvoir de la parole constitue l'essence même de son métier : chaque mot compte, chaque phrase peut sauver une vie, chaque silence peut désamorcer une crise.

C'est d'ailleurs dès sa première mission que Tatiana Brillant confirme ses capacités exceptionnelles. Un homme retranché chez lui, soupçonné d'avoir tué son épouse, refuse tout contact. Armée d'un simple porte-voix, Tatiana Brillant mène alors un patient monologue, tente de faire basculer la situation vers une reddition pacifique. Finalement, lorsqu'elle annonce que le RAID s'apprête à entrer de force, la porte s'ouvre : le suspect sort, les poignets ensanglantés, et accepte l'aide des médecins. Tatiana Brillant vient de sauver « sa première vie » et cela entérine définitivement son entrée dans l'unité.

Forte de cette expérience fondatrice, elle se voit confier d'autres missions délicates. Au fil des années, Tatiana Brillant gagne la reconnaissance de ses pairs et devient un visage emblématique de la négociation aux côtés de Michel Marie et de Christophe Caupenne. Seule femme de son unité pendant les treize années où elle officie, cette singularité ne constitue pas un obstacle pour elle, au contraire : être une femme négociatrice est souvent un avantage tactique décisif, permettant parfois de désamorcer les confrontations masculines.

Tatiana Brillant s'investit aussi dans la formation et transmet son expertise en Afrique du Sud, où elle codifie et diffuse les techniques de négociation à destination de négociateurs africains venus de quatorze pays différents. Cette activité internationale témoigne de son engagement à partager un savoir-faire précieux, reconnu au-delà des frontières.

De ses années au RAID, Tatiana garde le souvenir des vies sauvées, mais aussi celui des rares échecs, lourds à porter. Elle le sait mieux que personne : parfois, même les mots les mieux choisis ne peuvent éviter l'irréparable. Son parcours au RAID est toutefois la preuve vivante que l'obstination, l'excellence et la détermination n'ont pas de genre.

Tatiana Brillant est désormais membre de l'amicale des anciens. Son histoire, entre résilience et passion, rappelle que chaque voix compte, surtout celle qui, à force de conviction, sait apaiser et sauver des vies.

PHILIPPE GOSSELIN

Inspecteur de police depuis 1990, Philippe Gosselin réussit les tests de sélection du RAID en 1993 avant d'intégrer officiellement l'unité en 1995. Dès son arrivée,

Philippe Gosselin est immédiatement plongé au cœur de l'action opérationnelle, dans un contexte marqué par la vague d'attentats terroristes qui frappe la France à l'été 1995.

Cet été-là, sous les ordres de Christian Lambert, il effectue des surveillances et des filatures qui le conduisent jusqu'à la gare d'Austerlitz, où il observe la rencontre entre Boualem Bensaïd, l'un des principaux responsables de la vague d'attentats – notamment celui du RER B à Saint-Michel –, et un correspondant venu de Lyon. Ce rendez-vous crucial permet aux hommes du RAID d'avoir connaissance des nouvelles cibles du GIA.

Le 1er novembre 1995, le RAID intercepte une conversation téléphonique décisive. L'ordre y est donné par Boualem Bensaïd à Smaïn Aït Ali Belkacem de poser une bombe sur le marché de Wazemmes à Lille. Philippe Gosselin et ses équipiers interviennent immédiatement, neutralisant les terroristes. Cette interpellation met fin à cette dramatique série d'attentats et porte un coup fatal aux activités du GIA sur le territoire national.

Quelques mois plus tard, Philippe Gosselin participe à une autre opération emblématique, restée dans les mémoires du RAID : l'interpellation du gang de Roubaix en mars 1996. Alors qu'il n'est pas initialement d'alerte, Philippe Gosselin n'hésite pas à se porter volontaire, conscient que ses collègues sont en sous-effectif pour cette opération délicate. À son arrivée sur les lieux, le RAID découvre qu'il doit traiter non pas un, mais trois domiciles. L'opération bascule rapidement dans une fusillade qui s'éternise : trente minutes d'un échange de tirs nourri, au cours duquel 1 500 cartouches sont tirées par le RAID face à des adversaires aguerris, revenus du djihad en Bosnie, lourdement armés de Kalachnikovs, MP40, armes de poing et grenades. Philippe Gosselin garde en mémoire ces instants terribles où deux co-équipiers sont grièvement blessés et dont l'un des deux ne survit que grâce à l'intervention héroïque et rapide des opérateurs et d'un médecin, premier à intervenir au cœur de l'action. Cette fusillade agit comme une prise de conscience brutale : le RAID doit s'adapter, moderniser son armement. Philippe Gosselin assiste ainsi à la transition progressive vers l'utilisation des fusils d'assaut G36, mieux adaptés à ces nouvelles menaces.

En 1998, après l'assassinat du préfet Claude Érignac en Corse, Philippe Gosselin se voit confier une mission d'une autre nature : former à Bièvres et à Ajaccio les membres de l'Unité de protection de la Police nationale destinée à protéger les personnalités institutionnelles sur l'île. Sous la supervision directe de Christian

Lambert, il forme et dirige cette unité devenue opérationnelle dès avril 1998.

Le 27 mai 2001, la prison de Fresnes (Val-de-Marne) est le théâtre d'une spectaculaire tentative d'évasion par hélicoptère impliquant deux détenus, Christophe Khider et Ben Bouabdellah Mounir. Christophe Khider, condamné à la perpétuité avec trente ans de sûreté, est considéré comme extrêmement dangereux. L'opération échoue et dégénère en prise d'otages : les deux détenus se retranchent dans une salle du centre pénitentiaire, retenant trois surveillants. Lourdement armés grâce à un sac d'armes largué par leurs complices depuis l'hélicoptère, ils blessent grièvement un surveillant au poumon. Le RAID est mobilisé. La négociation est intense mais se conclut par la reddition de Mounir tandis que Khider reste retranché jusqu'au lendemain matin. Finalement, tous les otages sont libérés indemnes. Présent ce jour-là et plus particulièrement chargé de la résolution de la mutinerie en lien avec la sécurité publique du Val-de-Marne, Philippe Gosselin se souvient d'une intervention particulièrement sensible et complexe.

En 2007, après douze années intensément opérationnelles au RAID, Philippe Gosselin quitte l'unité pour poursuivre d'autres expériences professionnelles, notamment en Irak entre 2015 et 2018 comme Attaché de sécurité intérieure (ASI). Même à l'autre bout du monde, son attachement à l'unité d'élite reste viscéral. Ainsi, lorsqu'il lui est demandé de former des unités irakiennes à lutter contre Daech, son premier réflexe est d'appeler le patron du RAID, Jean-Baptiste Dulion. Sans hésitation, ses anciens camarades lui apportent leur aide, notamment pour former des snipers et renforcer les capacités opérationnelles locales.

En 2020, l'appel du Raid est devenu irrésistible : Philippe Gosselin revient à l'unité en tant que coordonnateur zonal des antennes du sud de la France. Il retrouve ensuite Bièvres avec une mission particulièrement complexe : la sécurité des Jeux olympiques de 2024, notamment le dispositif fluvial sur la Seine. Fort de son expérience comme plongeur d'intervention, Philippe Gosselin restructure entièrement l'équipe plongée, la faisant passer de 8 à 20 plongeurs d'élite. Il conçoit lui-même le brevet de plongeur d'intervention du RAID et sécurise méticuleusement chaque point sensible : embarcadères, village olympique, défilé fluvial et débarcadères. Grâce au programme *Pooling and sharing* avec le Groupe Atlas, il obtient des bateaux rapides, complète l'arsenal du Raid avec des scooters des mers, les fameux Marlins, capables d'intervenir à tout instant.

Philippe Gosselin suit personnellement chaque détail, anticipe tous les scénarios, y compris les pires : tirs de snipers, drones menaçants, explosifs posés sur les ponts. Grâce à son anticipation et au remarquable travail préventif réalisé avec la DGSI, ces scénarios catastrophes ne se réalisent heureusement pas.

Aujourd'hui Laser 2, Philippe Gosselin regarde résolument vers l'avenir, convaincu que le RAID doit continuer à s'adapter aux menaces émergentes. Il plaide ainsi pour une plus grande intégration des nouvelles technologies, comme l'intelligence artificielle et les drones, afin de rendre l'opérateur plus mobile, plus précis et toujours mieux protégé. À ses yeux, la criminalité organisée représente l'un des défis majeurs auxquels le RAID devra répondre dans les prochaines années.

Homme de convictions et passionné par son métier, Philippe Gosselin compare volontiers le RAID à une équipe sportive de haut niveau. Il pousse d'ailleurs la métaphore plus loin : chaque intervention du RAID est une finale où seule la première place compte. « On n'a pas le droit à l'erreur, c'est notre essence même », rappelle-t-il régulièrement. La victoire doit être totale, mais toujours avec le minimum de dégâts possibles.

Au RAID, les relations humaines sont fortes, marquées par un affect profond. Philippe Gosselin incarne pleinement cette dualité : grand policier, chef exigeant et meneur d'hommes reconnu, mais aussi collègue loyal et généreux. Son parcours au sein du RAID est celui d'un homme qui aura tout donné à cette unité, avec discrétion, humilité et un professionnalisme qui force le respect.

POLICE NATIONALE

RAID

CHAPITRE 8

10 interventions qui ont fait l'histoire

« Le lendemain, vers 15 heures, après trente heures de prise d'otages, Courtois sort sur les marches du tribunal, enchaîné au président de la cour d'assises, Dominique Bailhache. Il tire plusieurs coups de feu en direction des journalistes pour les effrayer. »

LA PRISE D'OTAGES DU TRIBUNAL DE NANTES, DÉCEMBRE 1985

Le RAID n'a pas encore totalement pris ses marques dans sa base de Bièvres lorsque, le jeudi 19 décembre 1985, l'actualité lui offre un baptême du feu spectaculaire. À peine deux mois auparavant, sous l'impulsion conjointe d'Ange Mancini et du préfet Robert Broussard, le ministre de l'Intérieur Pierre Joxe crée une nouvelle unité d'intervention destinée à répondre aux prises d'otages les plus complexes. Jamais personne n'imagine alors que la toute première intervention du RAID va devenir l'une des plus emblématiques de son histoire.

Ce matin-là, au tribunal de Nantes, Georges Courtois, un braqueur récidiviste, comparaît devant la cour d'assises de Loire-Atlantique pour une série de vols à main armée. Il est accompagné de son jeune complice, Patrick Thiolet. Le procès suit son cours lorsque, peu avant 10 h 30, Abdelkarim Khalki surgit brutalement dans la salle d'audience. Cet ancien compagnon de cellule de Courtois est sorti de prison trois semaines plus tôt. Khalki vient arracher son ami à la justice. Il brandit une grenade dégoupillée dans une main et un pistolet automatique dans l'autre. L'effet de stupeur est immédiat.

En quelques secondes, Khalki vise les policiers présents dans la salle et leur ordonne de déposer leurs armes. Dans le chaos, Courtois et Thiolet s'emparent eux aussi d'armes et de grenades. Le tribunal est désormais entièrement aux mains des trois hommes. En tout, ils retiennent en otages 33 personnes : juges, jurés, avocats, journalistes, public – parmi eux, une quinzaine d'étudiants en droit venus observer un procès d'assises. Pour la première fois, la justice française est prise en otage en pleine audience.

La presse est alertée en quelques minutes. Très vite, les caméras de FR3 Nantes arrivent sur place, bientôt rejointes par celles de la presse nationale et internationale : CNN, la BBC… – ainsi que des journalistes japonais… En quelques heures, les images du palais de justice de Nantes font le tour du monde. La France découvre, médusée, Georges Courtois, cigare à la bouche, .357 Magnum en main, devenu juge improvisé d'un tribunal inversé. Devant les caméras, le criminel livre un réquisitoire surréaliste contre la justice française, déclarant avec un calme inquiétant : « Je préfère mourir tout de suite, d'une balle dans la tête, plutôt que d'exécuter une peine qui serait ma mort

sociale. Se faire exploser ici, c'est mieux que la prison ! »
Pendant ce temps, à Bièvres, siège du tout nouveau RAID, Ange Mancini est prévenu par un coup de téléphone de Jean-Loup Reverier, au cabinet de Pierre Joxe. « T'as vu ce qui se passe à Nantes ? Ça pourrait être une affaire pour le RAID… », lui glisse-t-il. Ange Mancini ne réfléchit pas une seconde : « Absolument ! C'est précisément pour ce genre d'opérations que nous avons créé l'unité. »
Mais, à ce moment précis, le RAID n'est même pas totalement opérationnel. L'armurerie du groupe est encore en chantier, protégée temporairement par une compagnie de CRS. Certains opérateurs, comme François Santini (dit « Fanfan ») et Joe Slockyj se trouvent à des centaines de kilomètres, en plein stage de conduite rapide au Mans. Lorsqu'il reçoit l'ordre de rejoindre Nantes au plus vite, François Santini saute dans une voiture avec quelques collègues, habillé en civil, sans arme, avec pour seuls équipements des jeans et des baskets. Une fois arrivés, ils récupèrent armes et gilets pare-balles apportés en urgence par leurs camarades. Sur place, le préfet Robert Broussard, adjoint opérationnel au directeur général de la Police nationale, est lui aussi présent. La situation est explosive. Robert Broussard et Ange Mancini comprennent immédiatement que la négociation est la clé pour sortir de cette crise sans effusion de sang. Robert Broussard, légendaire figure policière, est immédiatement reconnu par Courtois, qui s'en sent flatté : « Vous vous rendez compte ?, explique Ange Mancini, quand un voyou comme Courtois voit Broussard venir spécialement pour lui, il en est fier ! »
Pendant ce temps, les tireurs d'élite du RAID prennent discrètement position autour du tribunal. Du toit, ils parviennent à observer discrètement l'intérieur de la salle d'audience par de petites lucarnes. Chaque geste, chaque déplacement des ravisseurs est scruté minutieusement. L'unité sait qu'une intervention armée est possible, mais risquée : les grenades des ravisseurs constituent un danger considérable pour les otages.
À l'intérieur, Courtois joue avec les nerfs des policiers. Il exige un véhicule pour fuir, réclame un avion, puis veut partir avec tous les otages. Robert Broussard refuse catégoriquement : « Pas question de déplacer la prise d'otages ! »
La tension monte, heure après heure. Mais le RAID garde son sang-froid. Au fil des négociations, Robert Broussard et Ange Mancini réussissent à faire libérer progressivement la plupart des otages. Ils utilisent chaque exigence formulée par Courtois comme monnaie d'échange.

Il veut parler à un journaliste de FR3 ? Robert Broussard accepte à condition que les étudiants soient libérés. Petit à petit, le nombre d'otages diminue, rendant une éventuelle intervention armée moins périlleuse.
La nuit venue, les braqueurs tentent une sortie du tribunal, mais paniquent lorsqu'ils découvrent les portes verrouillées. Ils rebroussent chemin, nerveux, tendus, piégés dans leur propre scénario. Finalement, le lendemain, vers 15 heures, après trente heures de prise d'otages, Courtois sort sur les marches du tribunal, enchaîné au président de la cour d'assises, Dominique Bailhache. Il tire plusieurs coups de feu en direction des journalistes pour les effrayer. L'une des balles se fiche dans l'objectif d'une caméra de la BBC.

Ange Mancini, courageusement, sans arme, s'avance vers Courtois et le rappelle à l'ordre avec fermeté : « Arrête tes conneries ! Tu vas flinguer quelqu'un sans le vouloir ! Je vais te dire une chose : les portes des prisons, ça s'ouvre toujours. Les portes des cimetières, jamais. »
Le criminel, impressionné par ces mots, cesse de tirer et retourne dans le tribunal. Finalement, Ange Mancini accepte que Courtois et ses complices prennent un Renault Espace pour fuir vers l'aéroport avec quatre derniers otages. Mais le RAID contrôle tout. François Santini raconte ce convoi surréaliste dans les rues de Nantes : « La situation nous semblait sérieuse mais maîtrisée. Il ne fallait surtout pas les perdre de vue. » À l'aéroport de Château-Bougon, encerclés, épuisés, privés de toute échappatoire, Courtois, Khalki et Thiolet acceptent de déposer leurs armes. Après trente-six heures de tension extrême, la crise se termine sans aucune effusion de sang.
Cette première opération est un succès total pour le RAID. Devant les caméras du monde entier, les opérateurs de Bièvres viennent d'apporter la preuve éclatante de leur savoir-faire et de leur maîtrise dans une situation critique. Ange Mancini insiste sur ce point : « Nous devons pouvoir intervenir dans les pires conditions. Mais notre première arme, c'est toujours la négociation. Notre but est d'éviter que le sang coule, qu'il soit celui des otages ou même des preneurs d'otages. » En ce mois de décembre 1985, dans les rues glaciales de Nantes, le RAID est entré dans l'histoire.

L'ARRESTATION DES LEADERS D'ACTION DIRECTE, FÉVRIER 1987

En février 1987, Action directe, groupe terroriste d'extrême gauche, tient la France en haleine depuis près d'une décennie. Inspiré par l'anarchisme et influencé par les mouvances radicales italiennes et allemandes, comme les Brigades rouges ou la Fraction armée rouge, ce groupe s'est engagé dès la fin des années 1970 dans une violente confrontation avec l'État, revendiquant plus de 80 attentats. Parmi leurs cibles emblématiques figurent l'ingénieur général René Audran, assassiné en 1985, et Georges Besse, le PDG de Renault, tué devant son domicile en novembre 1986.

Face à cette vague d'attentats, Charles Pasqua, ministre de l'Intérieur depuis mars 1986, fait de la mise hors d'état de nuire d'Action directe sa priorité absolue. Sous son impulsion, la lutte antiterroriste s'organise : création d'un service central antiterroriste, mobilisation intensive des services de renseignement, et coopération étroite entre juges spécialisés et policiers. La traque se concentre sur les quatre membres les plus actifs du groupe : Jean-Marc Rouillan, Nathalie Ménigon, Joëlle Aubron et Georges Cipriani, qui deviennent les quatre visages les plus recherchés de France.

Début 1987, les opérations de recherche connaissent une avancée majeure. Philippe Massoni, directeur central des Renseignements généraux, met tous les moyens nécessaires pour localiser le noyau dur du groupe. Sous les ordres du sous-directeur chargé de l'antiterrorisme, Claude Bardon, des dizaines d'enquêteurs épluchent chaque piste, interrogent chaque suspect potentiel, analysent chaque indice. Des photos des terroristes sont placardées dans tous les commissariats, avec une prime d'un million de francs promise pour toute information déterminante.

C'est finalement un renseignement de la DST transmis aux RG qui permet une avancée décisive : Rouillan et Ménigon auraient élu domicile dans une ferme isolée du Loiret, au lieu-dit Le Gué-Girault, sur la commune de Vitry-aux-Loges. Officiellement, le couple se fait passer pour de paisibles chercheurs belges, passionnés d'écologie, appréciés de leurs voisins fermiers.

Samedi 21 février 1987, Ange Mancini, alors chef du RAID, revient tout juste des sports d'hiver, les deux bras en écharpe après une mauvaise chute. C'est à ce moment précis qu'un appel du secrétaire d'État à la Sécurité Robert Pandraud

MINISTÈRE DE L'INTÉRIEUR
DIRECTION CENTRALE DE LA POLICE JUDICIAIRE
APPEL A TÉMOINS
La Police Judiciaire recherche tous renseignements
(lieux de séjour, relations, activités, . . .)
concernant les quatre membres
d'ACTION DIRECTE
Jean Marc ROUILLAN
35 ans, 1 m 69, corpulence mince, cheveux châtain foncé, yeux marron, visage marqué de multiples cicatrices, crâne dégarni, nez rectiligne.
Georges CIPRIANI
37 ans, 1 m 70, cheveux châtains, yeux marron, corpulence moyenne.
Nathalie MENIGON
30 ans, 1 m 70, corpulence mince, cheveux châtains mi-longs ou courts, yeux marron clair, teint clair.
Joelle AUBRON
28 ans, 1 m 68 environ, corpulence mince, yeux couleur vert orange, cheveux chatains.
INTERPELLÉS LE 21 Février 1987 à VITRY-AUX-LOGES (Loiret)
Contacter :
43 54 81 43 - 43 54 13 32

le sort brutalement de sa convalescence : « Les loups sont dans la bergerie, avez-vous la possibilité d'intervenir ? », lui demande-t-il. Sans hésiter, Ange Mancini répond : « Évidemment, Monsieur, pas de problème ! », tout en mesurant l'urgence et la difficulté de la situation.

À peine deux heures plus tard, Ange Mancini et une trentaine d'opérateurs du RAID sont prêts à partir. Le rendez-vous est fixé au commissariat d'Orléans, où le directeur des RG, Claude Bardon, et les membres de la Section opérationnelle (la SORG) les attendent avec les derniers renseignements.

Il fait un froid glacial, la neige recouvre tout, et la ferme isolée est située à 400 mètres de la route principale. Une progression discrète semble difficile, surtout pour des policiers vêtus de noir. « On va se faire repérer à coup sûr », pense Ange Mancini en observant ce décor immaculé.

Une petite équipe d'éclaireurs avance prudemment. L'un des policiers caché près des poubelles voit Nathalie Ménigon sortir pour y déposer les ordures. Le doute disparaît instantanément : ils sont bien là. Et si les quatre principaux membres du commando étaient réunis ce soir-là ? La tension monte d'un cran.

À 20 h 55 exactement, le RAID décide d'intervenir. La progression dans la neige qui crisse semble interminable. Les policiers parviennent jusqu'à la porte de la ferme.

Dans un geste rapide, ils utilisent un bélier pour enfoncer violemment la porte d'entrée. Mais cette dernière était déjà ouverte, et les policiers tombent directement sur le groupe en plein dîner. En quelques fractions de seconde, la surprise change de camp.

Trois terroristes, Aubron, Ménigon et Cipriani, réagissent instantanément et s'élancent à l'étage par un escalier de meunier étroit collé au mur. Rouillan les suit immédiatement, brandissant une arme à la main mais sans viser les policiers. Dans une ultime tentative pour neutraliser la menace sans tuer, un policier du RAID tire une courte rafale de pistolet-mitrailleur contre le mur juste à côté de Rouillan. Un fragment de béton projeté par les balles vient percuter Rouillan à la fesse. Le choc lui provoque un hématome immortalisé par une photographie, versée à la procédure. Effrayé, Rouillan lâche son arme et s'écrie : « Tirez pas ! Tirez pas ! » et lève les bras en signe de reddition.

La ferme du Gué-Girault est sous contrôle. L'opération ne dure que quelques minutes, mais elle est de portée historique. Les quatre figures les plus recherchées du terrorisme d'extrême gauche viennent d'être capturées sans qu'une goutte de sang ait été versée.

Ange Mancini éprouve une immense fierté : « Nous avions des terroristes armés en face de nous, ils auraient pu nous abattre, mais nous avons eu la maîtrise nécessaire pour les arrêter vivants. »
Dans la ferme, les policiers découvrent un véritable arsenal : huit armes à feu, trente kilos d'explosifs, de nombreux documents, ainsi qu'une pièce aménagée pour accueillir un otage. Action directe prépare alors l'enlèvement d'une personnalité afin de négocier la libération de Régis Schleicher, un autre membre de l'organisation terroriste déjà emprisonné. Cette opération ne se limite pas à la ferme de Vitry-aux-Loges. Très vite, deux autres planques sont découvertes à Chambray-lès-Tours et Villeloin-Coulangé. À Chambray-lès-Tours, les policiers retrouvent une Super 5 volée, de faux papiers, et douze kilos d'explosifs. À Villeloin-Coulangé, ils saisissent d'autres armes, des listes de personnalités à kidnapper, et d'autres documents accablants.
Avec cette arrestation spectaculaire, le RAID et les services de renseignement français viennent d'infliger un coup fatal à Action directe. Le ministre de l'Intérieur Charles Pasqua peut enfin annoncer avec fierté : « Action directe, c'est terminé ! »
Mais au-delà du symbole politique, ce succès marque une victoire stratégique majeure dans l'histoire du RAID : appréhender des terroristes sans jamais oublier le respect de la vie humaine.

À partir de ce soir de février 1987, Action directe n'existe plus que dans les archives judiciaires. Le RAID vient de prouver sa valeur, son efficacité, mais aussi son éthique opérationnelle. Pour Ange Mancini, cette opération reste gravée comme un exemple parfait : « Nous ne sommes pas là pour tuer, mais pour remettre les criminels à la justice. C'était notre mission, nous l'avons remplie. »

LA PRISE D'OTAGES DE L'ÉCOLE MATERNELLE DE NEUILLY, MAI 1993

C'est une journée de printemps comme les autres qui débute ce jeudi 13 mai 1993. À Neuilly-sur-Seine, à l'école maternelle Commandant-Charcot, rue de la Ferme, une classe d'enfants âgés de 3 à 4 ans prépare paisiblement des colliers en pâte à sel pour la fête des mères. Il est précisément 9 heures 27 lorsqu'un homme vêtu de noir, visage caché sous un casque intégral de moto et une cagoule, fait brusquement irruption dans la classe numéro 8. L'institutrice, Laurence Dreyfus, jeune femme de 30 ans, reste pétrifiée devant cet individu muet, tenant à la main un pistolet et portant une ceinture garnie d'explosifs.

Le silence règne quelques instants, jusqu'à ce que l'intrus tende froidement une feuille dactylographiée à l'institutrice : « Ceci est une prise d'otages. Avertissez la police. »

L'homme, qui se fait appeler « Human Bomb » ou « H.B. », remet également à Laurence Dreyfus une lettre destinée au ministre de l'Intérieur, exigeant une rançon colossale de 100 millions de francs en billets usagés et en lingots d'or, ainsi qu'un véhicule rapide pour fuir. La menace est terrifiante : si ses revendications ne sont pas satisfaites, il fera exploser la classe entière avec lui.

Les autorités comprennent immédiatement que cette menace est crédible. Quatre jours plus tôt, une bombe a explosé dans un parking souterrain de Neuilly, ne causant que des dégâts matériels, mais signée du même mystérieux « H.B. ». Cette fois-ci, « Human Bomb » est déterminé à aller jusqu'au bout. La France entière bascule dans l'angoisse.

Moins d'une heure après le début de la prise d'otages, à 10 h 45, le RAID est mobilisé sous les ordres de Louis Bayon. Rapidement, une centaine d'opérateurs se projettent sur place. Un périmètre de sécurité est établi autour de l'école, tandis qu'un poste de commandement opérationnel et une cellule psychologique destinée aux parents sont immédiatement mis en place.

Sur les lieux, Michel Marie, négociateur en chef du RAID, engage le dialogue avec l'homme, dont l'identité réelle demeure inconnue des enquêteurs. Pendant ce temps, l'opération se transforme en un événement médiatique majeur. Parmi les parents angoissés figure une journaliste de CNN, ce qui contribue à donner une ampleur internationale à l'affaire. La presse mondiale s'installe aux portes de

l'école. « Human Bomb », avide de médiatisation, réclame lui-même la présence des caméras.
Dans la classe, la tension est extrême. Une vingtaine de bâtons de dynamite sont reliés à un pupitre de commande à distance. Deux portes sont piégées et le reste de l'explosif est enroulé autour de son corps, scotché avec du chatterton. À ce stade, aucun policier ne connaît l'exacte dangerosité de ce dispositif.
Très vite, Nicolas Sarkozy, alors maire de Neuilly-sur-Seine et ministre du Budget, s'impose comme interlocuteur auprès du preneur d'otages. Devant les caméras, il négocie la libération progressive de plusieurs enfants. Ces images font le tour du monde : Sarkozy sortant lui-même, dans ses bras, un enfant qu'il remet à sa mère.

Mais, dans la salle de classe, malgré ces libérations ponctuelles, la tension reste dramatique. Laurence Dreyfus est bientôt rejointe par Évelyne Lambert, médecin-capitaine des pompiers de Paris, entrée volontairement pour soigner et rassurer les enfants. En réalité, sa mission est également stratégique : elle doit surveiller le comportement du preneur d'otages, évaluer sa résistance psychologique et physique, et renseigner secrètement le RAID.
Après près de 40 heures, Érick Schmitt, *alias* « Human Bomb », commence à montrer des signes évidents d'épuisement.

Le RAID comprend que l'intervention devient inévitable : la vie des six derniers enfants encore présents est directement menacée.
Un plan audacieux est mis au point. Évelyne Lambert verse discrètement un puissant somnifère dans le café régulièrement apporté à Schmitt. L'efficacité du produit a préalablement été testée par les hommes du RAID sur l'un des leurs.
Le samedi 15 mai, au petit matin, « H.B. » finit par sombrer dans un sommeil profond. Évelyne Lambert vérifie son inconscience en provoquant du bruit et en secouant Schmitt, qui ne réagit pas. Elle donne alors le signal au RAID : un bouton ouvert de sa veste, visible à travers une caméra miniaturisée installée dans la salle adjacente.
À 7 h 25 exactement, dix policiers du RAID s'introduisent silencieusement dans la classe. Huit d'entre eux protègent immédiatement les fillettes avec des matelas pour les évacuer en urgence. Deux autres opérateurs se précipitent sur Schmitt, armes pointées sur lui. C'est alors que Schmitt sursaute brutalement, faisant un geste vers son détonateur. L'un des deux opérateurs tire immédiatement, trois balles dans la tête à un mètre de distance. Le silence retombe, lourd, irréel. Quelques instants plus tard, Charles Pasqua, ministre de l'Intérieur, déclare sobrement devant les journalistes réunis : « Il était très important que les enfants soient libérés en bonne santé. C'était notre objectif essentiel. Le second, qui n'était pas négligeable, était que force reste à la loi. Le forcené est mort. »
L'homme qui a tenu la France entière en haleine pendant deux jours est finalement identifié grâce à sa carte d'identité : il s'agit d'Érick Schmitt, 41 ans, ancien militaire, entrepreneur en faillite originaire du Languedoc-Roussillon, devenu suicidaire.
L'institutrice Laurence Dreyfus et Évelyne Lambert reçoivent la Légion d'honneur des mains du président François Mitterrand pour leur courage exceptionnel.
Plus de trente ans après, l'opération reste l'une des plus emblématiques de l'histoire du RAID. Ce jour-là, les hommes en noir ont prouvé au monde entier leur capacité à gérer les crises les plus extrêmes. Grâce à leur action, tous les enfants sont sortis indemnes, sains et saufs.

LA NEUTRALISATION DU GANG DE ROUBAIX, MARS 1996

À l'aube du vendredi 29 mars 1996, une pluie glaciale tombe sur Roubaix. Rue Henri-Carrette, dans une maison banale de briques rouges, des hommes aguerris attendent. Ce sont les membres d'un gang ultra-violent, récemment revenu de la guerre en Bosnie où ils ont combattu aux côtés des brigades islamistes El-Moudjahid. Radicalisés et surarmés, ces djihadistes français, que la presse appelle le « gang de Roubaix », viennent de commettre une série de braquages d'une brutalité extrême pour financer les réseaux terroristes du Groupe islamique armé (GIA).

Depuis des mois, ces braqueurs sèment la terreur dans toute la région lilloise. Leur dernière action, particulièrement spectaculaire, est dans tous les esprits : le 28 mars, deux jours seulement avant un sommet international du G7 à Lille, ils tentent de commettre un attentat à la voiture piégée devant le commissariat central. Par miracle, le projet échoue : les trois bonbonnes de gaz placées dans une voiture ne provoquent qu'une légère explosion du détonateur. La catastrophe est évitée de justesse, mais la menace est prise au sérieux.

La police judiciaire de Lille obtient rapidement des résultats décisifs. Les empreintes, des écoutes téléphoniques et des filatures permettent d'identifier les membres du gang : le leader, Christophe Caze, ancien étudiant en médecine converti au djihad, et ses complices, Lionel Dumont et Omar Zemmiri. Les enquêteurs découvrent rapidement que ces hommes possèdent un véritable arsenal : fusils automatiques, grenades offensives, explosifs, le tout provenant directement des filières bosniaques.

Face à la dangerosité de l'intervention, le RAID est appelé en renfort. L'unité se projette immédiatement à Roubaix.

À leur arrivée à Lille, les policiers du RAID s'installent sur le parking du SRPJ, où ils préparent leur matériel dans une tension palpable. Philippe Gosselin, membre d'un groupe d'assaut, ressent immédiatement que quelque chose ne va pas : l'information sur les objectifs est floue. Il doit s'agir d'un seul domicile à investir, mais sur place, les policiers apprennent qu'il en existe en réalité trois. Le renseignement est imprécis, la mission se complexifie.
À 6 heures du matin, le RAID se positionne discrètement autour de la maison principale, située au 59, rue Henri-Carrette. Les opérateurs se placent, fusils en main, dans un silence angoissant, prêts à donner l'assaut. Mais soudain, une explosion sourde retentit. Les terroristes viennent de repérer les policiers. L'effet de surprise est perdu, l'affrontement commence.
Instantanément, un déluge de feu s'abat sur les policiers du RAID. Les membres du gang utilisent des Uzis et des AK-47. En quelques secondes, la rue paisible se transforme en une zone de guerre. Les policiers du RAID ripostent. La fusillade s'éternise. Pendant plus de 30 minutes, 1 500 cartouches sont tirées par les policiers.

Sur le terrain, c'est le chaos total. Le commandant Vincent Gédéon, responsable des tireurs d'élite, raconte : « Nous étions garés dans une rue parallèle sans savoir exactement où était notre cible. Soudain, un vieux velux s'est soulevé violemment et une rafale d'Uzi nous a pris pour cible. Au moins, on savait désormais où tirer. » Vincent Gédéon tente désespérément de communiquer par radio pour demander des renforts, mais les fréquences sont parasitées par les téléphones cellulaires belges. Pendant ce temps, les balles sifflent.

À l'intérieur, les terroristes lancent des grenades offensives. Une explosion près d'un matelas déclenche un incendie dans l'appartement. La situation devient critique, mais les membres du gang refusent obstinément de se rendre. Ils préfèrent mourir en martyrs, brûlés vifs dans les flammes de leur propre piège. Lorsque l'incendie est maîtrisé, les corps calcinés de quatre terroristes sont découverts : Elahiar, Altinkaynak, Djouina et Souimdi. Mais les hommes du RAID sont également touchés : deux policiers, Alain et Patrick, sont très grièvement blessés.
Le docteur Didier James, médecin urgentiste du RAID, décrit ces moments d'horreur : « Lorsque je vois Alain extrait du bâtiment, je comprends immédiatement que la situation est grave. Il a une plaie béante à la mâchoire, il est

en arrêt respiratoire. Au milieu des tirs qui continuent à pleuvoir, je réalise une intervention d'urgence. J'injecte de la morphine, stabilise Alain tant bien que mal en attendant les secours. Nous sommes bloqués dans un angle mort, protégés uniquement par nos collègues snipers qui empêchent les terroristes de nous atteindre par les fenêtres au-dessus de nos têtes. C'était une situation intenable. »

Après 30 minutes d'enfer, le silence revient progressivement. Mais, alors qu'un véhicule du SMUR local s'approche enfin pour évacuer les blessés, les tirs reprennent et obligent les secours à fuir dans l'urgence. Finalement, lorsque les flammes rendent la maison inhabitable, les pompiers peuvent enfin intervenir. Alain et Patrick, grâce au courage et à la rapidité du médecin du RAID, survivront, mais resteront marqués à vie.

Simultanément, Christophe Caze et Omar Zemmiri réussissent à fuir par une autre sortie. Poursuivis jusqu'en Belgique, ils engagent une nouvelle fusillade avec la police belge sur l'autoroute Lille-Gand. Christophe Caze est finalement abattu. Zemmiri, blessé, se retranche dans une maison à Courtrai et prend en otage deux femmes avant de se rendre, épuisé et cerné. Deux autres complices, Lionel Dumont et Bouguelane, échappent à ce coup de filet et fuient vers la Bosnie.

Cette opération marque un tournant dramatique dans l'histoire du RAID et met en lumière la réalité d'une menace djihadiste désormais pleinement ancrée sur le sol français. Les opérateurs gardent à jamais le souvenir d'une intervention cauchemardesque, sous le feu d'individus déterminés et prêts au sacrifice ultime. Thierry Azouzi, opérateur ce jour-là, confie qu'il est resté marqué à vie par ce traumatisme : « À un moment, j'ai cru avoir perdu un collègue comme à Ris-Orangis. »

C'est dans les flammes et le fracas des tirs que s'est achevée cette intervention du RAID, confronté pour la première fois au djihad sur son propre territoire. Ce jour de mars 1996, Roubaix est devenu le symbole glaçant d'une nouvelle forme de terrorisme, annonciateur des années sombres à venir.

L'ARRESTATION D'YVAN COLONNA, JUILLET 2003

À gauche, Christian Lambert, alors chef du RAID, à droite, Jean-Louis Fiamenghi, qui est son adjoint, lors d'une réunion de travail en 2002.

Le 6 février 1998, le crépuscule tombe sur Ajaccio lorsque des coups de feu retentissent dans les rues, d'ordinaire paisibles, du centre-ville. Trois balles de 9 mm viennent de toucher mortellement Claude Érignac, préfet de Corse, en pleine rue. Marchant seul et abattu de dos, non pas en raison de qui il est mais bien pour ce qu'il représente, le préfet Érignac n'a aucune chance d'échapper à la mort.

Sa mort secoue la France entière. En Corse, une île déjà marquée par des tensions nationalistes, l'assassinat d'un représentant de l'État est un affront direct à la République. Rapidement, l'enquête se concentre sur un groupe de militants nationalistes. Parmi eux, Yvan Colonna, berger corse et figure connue du milieu indépendantiste, est identifié comme l'auteur des coups de feu. Mais dès qu'il est désigné comme étant le meurtrier, il s'évapore.

La disparition d'Yvan Colonna marque le point de départ de l'une des plus longues chasses à l'homme de l'histoire récente. Plus de 1 500 jours.

Pendant des mois, la police et la gendarmerie mènent des recherches infructueuses. Le berger corse semble insaisissable. Sa connaissance parfaite du terrain, combinée à une loi du silence bien ancrée au sein de la population insulaire, rend chaque tentative de capture vaine. C'est dans ce contexte que, quatre ans plus tard, en 2002, Nicolas Sarkozy, alors ministre de l'Intérieur, fait du dossier Colonna une affaire personnelle.

Il désigne une unité en chef de file : le RAID. En première approche, ce choix peut surprendre : jusqu'alors le RAID est surtout connu pour ses interventions musclées lors des prises d'otages ou des attentats. Et, cette fois-ci, il ne s'agit pas d'une opération classique. Jean-Louis Fiamenghi, numéro 2 du RAID alors dirigé par Christian Lambert, se voit confier la délicate mission de capturer un homme, non pas à l'étranger, mais sur l'île dont il est lui-même originaire : la Corse. Jean-Louis Fiamenghi sait qu'il ne pourra compter que sur la patience, l'observation et l'infiltration.

Le RAID s'adapte rapidement. Déguisés en randonneurs, les policiers arpentent le maquis corse, toujours sur le fil du rasoir, sachant que chaque faux pas peut les exposer. Pour la première fois, l'unité décide d'intégrer des femmes à ses équipes de filature, une mesure révolutionnaire destinée à rendre les opérations plus discrètes et subtiles.

La stratégie du RAID repose sur une certitude : Yvan Colonna est resté en Corse. Alors que de nombreuses rumeurs le disent à l'étranger, Christian Lambert, Jean-Louis Fiamenghi et leur équipe sont persuadés qu'il se cache parmi les siens, dans les montagnes corses. Le terrain est complexe, escarpé, parsemé de bergeries isolées, des refuges rustiques où Yvan Colonna trouve abri et soutien. Le RAID répertorie plus de 200 bergeries sur l'île et se lance dans une surveillance minutieuse de chacune d'entre elles.

Pendant des mois, les policiers inspectent un à un ces abris en pierres. Les Corses sont méfiants et discrets, rendant la tâche encore plus ardue. L'hiver 2003 est particulièrement rude, et le RAID peine à avancer dans ses investigations. Les pistes s'amenuisent. Les informations sont rares, et les policiers peinent à obtenir des indices concrets sur la localisation d'Yvan Colonna. Ils persistent pourtant.

C'est finalement au printemps 2003 que cette vaste opération de recherche connaît une avancée majeure. Jean-Louis Fiamenghi reçoit un renseignement précieux : Yvan Colonna pourrait se trouver dans les montagnes autour de Propriano.

Pour resserrer l'étau, le RAID renforce sa présence sur l'île. Christian Lambert met en place des dispositifs de surveillance ultra-perfectionnés pour l'époque. Les policiers installent des caméras dans des arbres, scrutent les moindres mouvements dans la région. Finalement, un détail attire leur attention : un villageois livre des journaux dans une bergerie reculée. En fouillant les lieux, les policiers découvrent des exemplaires récents de journaux traitant du procès du commando Érignac. Ils savent alors qu'ils sont sur la bonne piste.

Le 4 juillet 2003, après plus de 220 bergeries inspectées, le RAID est enfin sur le point de capturer sa cible. La nuit est tombée sur Propriano. Les policiers ont encerclé une bergerie qui surplombe la baie, équipés de caméras et de jumelles thermiques. Yvan

Colonna est repéré, sac sur le dos, prêt à quitter son refuge.

Le plan est simple : attendre que le berger sorte de la bergerie pour l'appréhender. Deux policiers déguisés en randonneurs se rapprochent discrètement. Mais Yvan Colonna, habitué à la vie en cavale, semble flairer un danger. Il se met soudain à courir à travers le maquis et utilise sa connaissance experte du terrain pour tenter une ultime fuite. Une course-poursuite s'engage, mais elle est brève. Après quelques minutes, Yvan Colonna trébuche et s'effondre. Le RAID n'attend pas une seconde et le maîtrise immédiatement.

Transporté dans un Falcon de l'armée de l'Air, Yvan Colonna est conduit directement à Paris, sous haute sécurité. Pendant des années, le RAID a recherché l'homme qui connaît chaque pierre de son île. Ils ont arpenté des centaines de kilomètres de maquis, exploré des dizaines de bergeries, déjoué la méfiance locale et surmonté des échecs pour finalement capturer cet homme qui a défié la République. La fin de sa cavale, après plus de quatre ans, marque un tournant décisif dans l'affaire Érignac. Pour Nicolas Sarkozy, la promesse faite à la veuve du préfet est tenue : le coupable est enfin capturé.

L'arrestation d'Yvan Colonna reste l'une des opérations les plus complexes et emblématiques de l'histoire du RAID. Pour l'unité, cette mission représente bien plus qu'une simple recherche de fugitif. Elle marque un tournant pour l'unité qui s'est adaptée à la conduite de filatures longues, loin de leurs interventions habituelles. L'intégration de femmes, l'utilisation de techniques de renseignement inédites et la patience extrême dont ont dû faire preuve les opérateurs, sont autant d'éléments qui ont redéfini la manière d'agir du RAID.

LA NEUTRALISATION DE MOHAMMED MERAH, MARS 2012

Mercredi 21 mars 2012, peu après deux heures du matin. Les rues du quartier Côte-Pavée à Toulouse sont silencieuses, mais dans l'ombre se dessine l'une des opérations les plus difficiles et les plus emblématiques du RAID. L'unité a été dépêchée pour neutraliser Mohammed Merah, le terroriste responsable des tueries de Toulouse et de Montauban qui ont fait sept morts, dont trois enfants. L'homme, âgé de 23 ans, est retranché dans un appartement situé à l'entresol, au 17 rue du Sergent-Vigné.

Le parcours de Mohammed Merah est celui d'une longue dérive radicale. Né à Toulouse, Mohammed Merah grandit entre la petite délinquance et l'islam radical. Sa radicalisation se précise en prison, où il étudie seul le Coran, se qualifiant d'« autodidacte de l'islam ». À partir de 2006, les renseignements généraux l'identifient comme « membre de la mouvance islamiste radicale », et une fiche « S » lui est attribuée.

De retour à la liberté, Mohammed Merah multiplie les voyages : en Algérie, en Syrie, en Irak, en Jordanie, en Israël, en Égypte, en Afghanistan, et enfin au Pakistan, où il rejoint un camp djihadiste dans les zones tribales. À Miranshah, il reçoit une formation au maniement des armes mais refuse les entraînements au suicide, préférant « tuer et rester en vie ». Sa radicalisation est alors à son paroxysme.

À son retour en France fin 2011, il échappe habilement aux enquêteurs. Interrogé par la Direction centrale du renseignement intérieur (DCRI), il se présente comme simple touriste en quête d'une épouse, masquant habilement ses véritables intentions : commettre un djihad armé sur le sol français. Sa tactique de dissimulation fonctionne parfaitement, et il n'est pas inquiété.

Le 11 mars 2012, Merah bascule définitivement dans l'horreur. Prétextant vouloir acheter une moto, il piège Imad Ibn Ziaten, parachutiste du 1er RTP. Après avoir confirmé sa qualité de militaire, Merah abat froidement Ibn Ziaten d'une balle dans la tête. « C'est ça l'islam, mon frère : tu tues mes frères, je te tue », lui dit-il après l'avoir lâchement assassiné.

Le 15 mars, devant une caserne de Montauban, Mohammed Merah tue Mohamed Legouad et Abel Chennouf, parachutistes du 17e RGP, et blesse grièvement Loïc Liber. Une caméra GoPro fixée sur sa poitrine filme ses assassinats pour en faire un macabre film de propagande.

Le 19 mars, il frappe de nouveau, cette fois devant l'école juive Ozar Hatorah à Toulouse. Il abat à bout portant Jonathan Sandler, enseignant, ainsi que ses deux jeunes enfants, Gabriel (3 ans) et Aryé (5 ans). Puis il poursuit et assassine Myriam Monsonego, 8 ans, d'une balle dans la tempe, dans la cour de l'école. Merah est méthodique, implacable, presque clinique dans sa barbarie. La France entière est sous le choc.

Dans la nuit du 20 au 21 mars, après une enquête intense, Mohammed Merah est localisé chez lui. À 3 heures, trente policiers du RAID, guidés par leur chef Amaury de Hauteclocque, se positionnent devant l'appartement. L'assaut est prévu à 3 h 30 pour bénéficier de l'effet de surprise maximal.

Mais rien ne se passe comme prévu.

À peine les policiers commencent-ils à forcer la porte blindée avec un vérin hydraulique silencieux que Merah, parfaitement réveillé, ouvre le feu à travers la porte. L'embuscade est parfaite. Deux policiers sont touchés par des ricochets de balles. L'assaut initial est brutalement interrompu.

Très vite, la phase de négociation débute. Merah communique avec le RAID par talkie-walkie, revendiquant fièrement ses actes et se présentant comme « combattant d'Al-Qaïda », agissant « pour venger les enfants palestiniens ». Il annonce vouloir mourir « les armes à la main », mais promet à plusieurs reprises une reddition qui n'arrive jamais.

Pendant 32 heures, les policiers du RAID mettent Mohammed Merah sous pression. Ce dernier, retranché dans sa salle de bains, résiste. À intervalles réguliers, le RAID lance des grenades assourdissantes pour l'épuiser, mais Merah tient bon. Une fuite d'eau provoquée par les grenades inonde l'appartement. Les pieds gelés, contraint de changer ses chaussettes, Merah barricade les accès avec des meubles et des objets divers pour ralentir une éventuelle progression des hommes du RAID.

Le 22 mars, à 11 h 15, l'ordre d'intervenir est finalement donné. Le RAID lance un assaut coordonné avec une équipe qui escalade le balcon tandis qu'une autre force la porte principale.

Mohammed Merah surgit violemment, vêtu d'une djellaba noire et d'un gilet pare-balles, brandissant ses Colt 45. Une fusillade intense éclate dans le petit appartement. Merah combat avec une habileté digne d'un soldat entraîné : tirs précis, changements rapides de chargeurs, tout en s'abritant pour s'exposer le moins possible. Plus de 300 coups de feu sont échangés. Mohammed Merah tente une dernière sortie désespérée vers le balcon, tirant sans relâche sur les policiers. Plusieurs balles le touchent sans l'arrêter. Finalement, un sniper du RAID positionné à l'extérieur l'atteint d'une balle dans la tête. Mohammed Merah s'effondre, mort sur le coup. Au bilan, cinq policiers ont été blessés.

Cette opération demeure un tournant pour le RAID et, au-delà, pour la France, en mettant en lumière la montée en puissance d'un nouveau type de djihad en France : le djihad individuel, déterminé et extrêmement violent.

Et elle révèle aussi une faille longtemps tue : l'impact psychologique des interventions les plus dures sur les hommes et femmes

du RAID. Au lendemain de l'opération, la Direction générale de la Police nationale dépêche une psychologue à Bièvres. Dans un premier temps, personne ne franchit le pas de la consultation. Pourtant, deux semaines plus tard, de nombreux opérateurs la sollicitent discrètement, dans un cadre extérieur au RAID. Le tabou de la souffrance psychologique commence doucement à se fissurer.

L'opération Merah marque profondément l'unité et, aujourd'hui encore, Amaury de Hauteclocque a pleinement conscience qu'il a eu à commander une des opérations les plus complexes et les plus médiatisées de l'histoire du RAID.

LA PRISE D'OTAGES DU MAGASIN HYPERCACHER DE LA PORTE DE VINCENNES, JANVIER 2015

9 janvier 2015. Voilà deux jours qu'un attentat barbare a été commis à la rédaction de *Charlie Hebdo*, où les frères Kouachi ont assassiné douze personnes. La France est sous le choc. Mais l'horreur n'a pas fini de frapper.

Amedy Coulibaly, recherché depuis la veille pour le meurtre de la policière municipale Clarissa Jean-Philippe à Montrouge, décide ce vendredi 9 janvier 2015, vers 13 heures, de prendre pour cible un magasin Hypercacher, situé au 23 avenue de la Porte-de-Vincennes et fréquenté par une importante clientèle juive à la veille du sabbat.

Amedy Coulibaly est lourdement armé : un fusil d'assaut VZ-58 calibre 7,62 mm Kalachnikov, deux pistolets-mitrailleurs Skorpion, deux pistolets Tokarev, un gilet pare-balles, et quinze bâtons d'explosifs. Dès son entrée dans l'épicerie cacher, il abat froidement trois personnes. La première victime, Yohan Cohen, jeune employé de 20 ans, est tuée immédiatement après avoir tenté de s'interposer. Les clients terrifiés assistent, impuissants, à son agonie lente et douloureuse. Philippe Braham, 45 ans, cadre commercial, est tué quelques instants plus tard. François-Michel Saada, 63 ans, essaie de fuir mais reçoit une balle mortelle dans le dos.

Le terroriste prend alors en otages une vingtaine de personnes et les menace constamment de mort. Il exprime ouvertement son antisémitisme, revendiquant vouloir « tuer des juifs » pour venger les Palestiniens, et exige la libération des frères Kouachi, alors retranchés dans l'imprimerie de Dammartin-en-Goële, encerclée par le GIGN.

Dans le chaos, Lassana Bathily, jeune employé musulman d'origine malienne, agit avec un calme remarquable. Il guide discrètement six personnes, dont un bébé, vers une chambre froide située au sous-sol, et parvient à les cacher. Puis, profitant d'un monte-charge, il réussit à sortir du magasin par une issue de secours et transmet immédiatement aux policiers présents à l'extérieur des informations vitales : le nombre d'otages, la configuration des lieux et, surtout, il leur confie les clés permettant de lever le rideau métallique protégeant l'entrée principale.

Dès 14 heures, la situation devient critique : le RAID et la BRI convergent vers la porte de Vincennes. Un périmètre est immédiatement bouclé par les policiers et les forces d'élite. Un hélicoptère est en vol stationnaire, tandis que des dizaines de véhicules de secours, de police et d'intervention bloquent la zone.

Dans le magasin, la situation se détériore encore lorsqu'un des otages, Yoav Hattab, courageux jeune homme de 21 ans, tente un geste désespéré : il ramasse une arme abandonnée par Coulibaly sur un carton. Malheureusement, cette arme s'est enrayée. Alerté par le bruit, Coulibaly se retourne aussitôt et l'abat froidement d'une balle dans la tête. Yoav Hattab est le quatrième mort de cette attaque.

Pendant ce temps, François Hollande décide depuis l'Élysée que l'intervention contre les frères Kouachi à Dammartin-en-Goële et celle contre Coulibaly doivent être coordonnées. Mais la donne change brutalement à 16 h 55 : à Dammartin, les Kouachi sortent brusquement de l'imprimerie en tirant sur les gendarmes du GIGN. Ils sont immédiatement abattus.

Dès que cette information parvient aux équipes positionnées porte de Vincennes, les policiers du RAID, dirigés par Jean-Michel Fauvergue, doivent réagir immédiatement : ils n'ont que quelques secondes pour déclencher leur assaut, prévu initialement pour un peu plus tard.

À 17 h 12 exactement, l'opération est déclenchée. Le RAID, conjointement avec la BRI, lance l'assaut sur l'Hypercacher. À l'entrée principale, le premier opérateur du RAID déclenche l'ouverture du rideau de fer et se glisse en dessous, alors qu'il est à peine relevé. Très courageusement, il pénètre dans le magasin, pour attirer les tirs du terroriste sur lui et les détourner ainsi des otages.

Coulibaly, comprenant que sa fin est proche, hurle : « Je vais tuer tout le monde ! » et ouvre le feu en direction des policiers, qui ripostent immédiatement. Un intense échange de tirs s'ensuit.

Rapidement, Coulibaly est atteint par plusieurs balles, dont une à la tête, tirée par un sniper du RAID depuis un toit voisin. Il s'effondre définitivement. Aucun autre otage n'est blessé pendant l'assaut, grâce à la précision et à la maîtrise des équipes d'intervention.

Quelques secondes plus tard, les otages survivants, traumatisés mais soulagés, sont pris en charge par les policiers et évacués rapidement. Quatre blessés légers sont recensés, dont trois policiers.

À 19 h 55, devant les caméras, François Hollande dénonce cette attaque comme un « acte antisémite effroyable » et appelle à ne « faire aucun amalgame ». Ce soir-là, la France entière se rassemble une nouvelle fois dans l'émotion, l'effroi et la colère, face à une terreur antisémite et islamiste qui vient de frapper encore une fois le pays au cœur.

Pour le RAID, cette intervention complexe a montré l'extraordinaire courage de ses membres et aussi la nécessité d'améliorer certains dispositifs : augmenter la protection balistique individuelle, renforcer l'armement face à des terroristes lourdement équipés, et réfléchir à des stratégies nouvelles comme celle du « Goldorak », une armure intégrale pour les policiers en première ligne. Mais une certitude demeure : ce jour-là, la détermination et le professionnalisme des hommes du RAID ont sauvé la vie des otages.

LE BATACLAN ET SAINT-DENIS, NOVEMBRE 2015

Le vendredi 13 novembre 2015, Paris s'apprête à vivre une soirée festive. Le Stade de France accueille un match amical de football France–Allemagne. Au même moment, en plein cœur de la capitale, le Bataclan, célèbre salle de concerts du 11e arrondissement, est rempli : plus de 1 500 spectateurs assistent à la prestation du groupe américain Eagles of Death Metal. Dans l'Est parisien, la météo, très favorable pour une fin d'automne, remplit les terrasses. Rien ne laisse présager l'horreur qui s'apprête à déferler.

Trois terroristes lourdement armés arrivent devant le Bataclan à bord d'une Volkswagen Polo noire. À 21 h 40 précises, ils surgissent devant l'entrée, abattent froidement plusieurs passants, pénètrent dans la salle bondée et ouvrent immédiatement le feu sur la foule en hurlant : « *Allah akbar !* » Pendant vingt minutes interminables, Foued Mohamed-Aggad (23 ans), Ismaël Omar Mostefaï (29 ans) et Samy Amimour (28 ans) abattent méthodiquement les spectateurs, rechargent calmement leurs Kalachnikov, exécutent ceux qui tentent de fuir ou de se cacher. L'un des terroristes crie : « Où est le chanteur ? Où sont les Américains ? Vous bombardez nos frères, alors maintenant on vous tue. » Le massacre prend rapidement une ampleur monstrueuse : 90 personnes sont tuées et des dizaines blessées, beaucoup grièvement.

Vers 21 h 50, dix minutes après le début de la tuerie, le commissaire divisionnaire Guillaume Cardy, futur chef du RAID, et son chauffeur arrivent sur place. Sans hésiter, ils pénètrent dans la salle et repèrent immédiatement Samy Amimour qui menace un otage près de la scène. Guillaume Cardy et son chauffeur ouvrent le feu et touchent le terroriste. Blessé, Samy Amimour actionne son gilet explosif, se faisant exploser au sol sans blesser personne d'autre.

Ce vendredi soir, le chef du RAID, Jean-Michel Fauvergue, dîne avec son état-major. Dès qu'il reçoit l'alerte par téléphone, il rejoint immédiatement le centre opérationnel du RAID afin de coordonner l'intervention. Deux personnels du RAID, présents au Stade de France pour préparer la sécurisation de l'Euro 2016, ont entendu les explosions des kamikazes aux alentours du stade et donné l'alerte sans attendre. En quelques minutes, les unités spéciales sont mobilisées et filent vers Paris, tandis que Jean-Michel Fauvergue rassemble ses hommes à Bièvres.

Vers 22 h 25, les unités d'intervention arrivent devant le Bataclan. La confusion est extrême, l'information fragmentée. Le RAID a la responsabilité de sécuriser le rez-de-chaussée, tandis que la BRI se charge du premier étage, où deux terroristes survivants se sont retranchés avec une vingtaine d'otages.

Jean-Michel Fauvergue, en tête de la colonne d'assaut du RAID, pénètre le premier au rez-de-chaussée. L'image qui l'accueille restera gravée à jamais : des dizaines de corps jonchent le sol, des téléphones vibrent encore dans les poches des victimes. L'odeur âcre du sang et de la poudre brûlée envahit tout. Chaque pas doit être prudent pour respecter les morts. L'émotion, la colère et l'horreur sont palpables parmi les opérateurs, qui progressent dans un silence absolu, le visage crispé par ce qu'ils découvrent.

Pendant ce temps, à l'étage, la BRI se prépare pour l'assaut. Vers 23 h 15, les colonnes de l'unité d'élite parisienne avancent prudemment vers un couloir où les deux terroristes restant, Foued Mohamed-Aggad et Ismaël Omar Mostefaï, se retranchent derrière leurs otages. Après de longues minutes de négociations infructueuses, l'ordre d'assaut est donné à 0 h 18.

Protégés par un bouclier balistique Ramsès, les hommes de la BRI avancent sous les tirs des terroristes. Un échange de feu bref mais intense éclate. Au terme d'un assaut absolument héroïque, les deux terroristes sont neutralisés sans qu'aucun otage supplémentaire soit blessé. L'évacuation des victimes et des survivants commence aussitôt.

Quelques jours plus tard, un renseignement reçu le 16 novembre 2015 met les enquêteurs sur la piste d'Abdelhamid Abaaoud, le cerveau présumé des attentats, et son complice Chakib Akrouh, qui se cachent dans un buisson sous l'autoroute A86 à Aubervilliers. Grâce à une caméra installée discrètement par les policiers, leur présence est confirmée le 17 novembre à 20 h 13. Hasna Aït Boulahcen, une complice, est également identifiée.

Le trio quitte sa cachette et rejoint un appartement au 8 rue du Corbillon à Saint-Denis, dans un immeuble tenu par des marchands de sommeil.

Le 18 novembre, vers 4 heures du matin, le RAID déclenche l'opération. À un moment critique, Chakib Akrouh déclenche sa ceinture explosive, tuant immédiatement Hasna Aït Boulahcen et Abdelhamid Abaaoud.

Le procureur de Paris, François Molins, annonce peu après que les terroristes prévoyaient de commettre un nouvel attentat le 18 ou 19 novembre au centre commercial Westfield-Les-Quatre-Temps à La Défense.

Grâce à cet assaut du RAID, cette menace a pu être définitivement écartée.

Cette nuit du 13 novembre 2015 et l'assaut du 18 novembre à Saint-Denis resteront gravés dans la mémoire collective du pays. Les attaques simultanées ont coûté la vie à 130 personnes et blessé des centaines d'autres. Le RAID en sortira profondément marqué, mais son courage et son professionnalisme auront permis d'éviter une tragédie encore plus grande. Ces opérations rappellent au RAID la nécessité constante d'adapter ses moyens et ses tactiques face à un terrorisme toujours plus violent et imprévisible. L'unité en sortira renforcée, mais profondément affectée.

LE DOUBLE ASSASSINAT DE MAGNANVILLE, JUIN 2016

Le lundi 13 juin 2016, la commune tranquille de Magnanville, dans les Yvelines, bascule dans l'horreur. Vers 20 heures, Jean-Baptiste Salvaing, commandant de police au commissariat des Mureaux, rentre chez lui, allée des Perdrix. Il ignore qu'un terroriste islamiste, Larossi Abballa, l'attend caché dans son jardin.

Alors que Jean-Baptiste Salvaing ouvre son portail, Larossi Abballa surgit brusquement et le poignarde violemment à deux reprises. Malgré ses blessures, le policier tente courageusement de s'échapper, avertit ses voisins du danger, et les implore de fuir et d'appeler ses collègues. Mais Abballa le rattrape et lui porte neuf coups de couteau à l'abdomen. Le commandant Jean-Baptiste Salvaing succombe dans la rue, à quelques mètres de son domicile.

Larossi Abballa se retranche immédiatement dans la maison du policier, où se trouvent Jessica Schneider, la conjointe de Jean-Baptiste, également fonctionnaire administrative au commissariat de Mantes-la-Jolie, et leur fils de trois ans et demi. Lorsque les pompiers arrivent, le terroriste leur annonce froidement qu'il détient la femme et l'enfant en otages et menace de « tout faire sauter » si les policiers investissent les lieux.

Rapidement, les équipes de la BAC évacuent le quartier, tandis que le RAID arrive sur place.

À peine informé de la prise d'otages, le RAID mobilise ses équipes et rejoint rapidement Magnanville. Le domicile du couple est situé dans un quartier pavillonnaire isolé, loin des regards indiscrets, et surtout à l'abri de la pression médiatique qui avait marqué les opérations antiterroristes de 2015.

Malgré le contexte émotionnel extrêmement fort, lié à l'identité des victimes (deux fonctionnaires du ministère de l'Intérieur), les policiers du RAID gardent leur sang-froid et font preuve d'un professionnalisme exemplaire. L'objectif principal est clair : sauver la femme et le petit garçon.

Tatiana Brillant, négociatrice emblématique du RAID, entre en contact avec le terroriste. Pendant que l'équipe opérationnelle prépare l'assaut, elle tente de maintenir un dialogue pour le calmer, gagner du temps et, surtout, éviter qu'il ne commette l'irréparable avec l'enfant.

Pendant ce temps, à 20 h 52, Abballa diffuse via Facebook Live une vidéo macabre de treize minutes dans laquelle il filme les corps de ses victimes et l'enfant terrorisé. Il y proclame son allégeance à l'État islamique, menace policiers, journalistes et personnalités publiques, et annonce que « l'Euro de football sera un cimetière ».

Le RAID élabore initialement un plan d'assaut par le premier étage, jugé tactiquement idéal pour surprendre Abballa. Mais au moment précis où les opérateurs se préparent à donner l'assaut, une information cruciale leur parvient : l'enfant se trouve précisément au premier étage.

Immédiatement, Jean-Michel Fauvergue, le chef du RAID, prend la décision de modifier la stratégie : l'assaut sera lancé depuis le rez-de-chaussée pour minimiser les risques pour l'enfant.

À 0 h 15, les policiers du RAID lancent leur assaut par le rez-de-chaussée. Ils pénètrent rapidement dans la maison et neutralisent Larossi Abballa, qui tente de riposter. Le corps de Jessica Schneider a la gorge tranchée, alors que son fils est miraculeusement retrouvé vivant, choqué mais indemne.

Un médecin du RAID prend immédiatement en charge l'enfant, le protégeant avec une attention particulière.

Ce double assassinat suscite une profonde émotion dans tout le pays, car il touche directement des représentants des forces de l'ordre, attaqués dans l'intimité même de leur domicile. Jean-Baptiste Salvaing et Jessica Schneider, âgés respectivement de 42 et 36 ans, sont inhumés à Montagnac, près de Pézenas, lors d'une cérémonie intime et émouvante.

Pour cette opération, le RAID est unanimement salué pour son sang-froid, son professionnalisme et sa réactivité. Malgré l'extrême tension émotionnelle liée à l'identité des victimes, les policiers sont restés exemplaires jusqu'à la dernière seconde. Le changement rapide de stratégie lors de l'assaut, fondé sur une information de dernière minute concernant l'enfant, témoigne à nouveau du haut niveau d'entraînement et de maîtrise opérationnelle du RAID.

Cet attentat marque durablement les esprits des policiers et sonne comme un rappel douloureux du fait que la menace terroriste peut les toucher jusque dans l'intimité de leur vie familiale.

L'ÉVACUATION DE L'AMBASSADE DE KABOUL, AOÛT 2021

Le dimanche 15 août 2021, Kaboul tombe aux mains des talibans après une offensive éclair débutée en mai. Le retrait américain plonge le pays dans le chaos. L'armée afghane, minée par la corruption et privée du soutien des États-Unis, s'effondre beaucoup plus vite que prévu. Les talibans encerclent Kaboul dès le 14 août, provoquant la panique générale.

À l'ambassade de France, située en plein cœur de Kaboul, la situation devient rapidement critique. Des centaines d'Afghans terrifiés se massent devant les grilles et y cherchent désespérément une issue. Le risque d'attaque terroriste ou de prise d'otages est alors considérable.

Cette crise intervient après plusieurs années de renforcement des moyens de protection de l'ambassade. Déjà, fin 2017, Kaboul avait subi une attaque au camion piégé qui avait fortement endommagé l'ambassade de France. Dès lors, une décision stratégique avait été prise : augmenter significativement les moyens humains et matériels du RAID sur place. Les effectifs sont renforcés, des équipements lourds sont mis à disposition, et les véhicules blindés deviennent la norme pour les déplacements diplomatiques.

Cette anticipation permet, dès le début de la crise d'août 2021, de disposer d'opérateurs prêts à agir immédiatement.

À Bièvres, au siège du RAID, Jean-Baptiste Dulion, le chef de l'unité, installe immédiatement une cellule de crise opérationnelle. L'urgence est claire : il faut évacuer rapidement les ressortissants français et les Afghans en danger vers la base sécurisée installée à l'aéroport de Kaboul.

Mais la route qui mène de l'ambassade à l'aéroport, distant de cinq kilomètres seulement, est extrêmement risquée. La ville est aux mains des talibans, la confusion est totale, les groupes armés sont partout et chaque point de contrôle peut rapidement devenir un théâtre d'affrontement.

Le RAID, outre qu'il doit protéger l'ambassadeur de France, David Martinon, se retrouve à sécuriser une opération d'évacuation sans précédent. La mission est périlleuse : escorter 350 personnes, Français et Afghans, à travers une ville plongée dans le chaos, avec très peu d'effectifs pour sécuriser le convoi.

Rapidement, Jean-Baptiste Dulion comprend que rien ne sera possible sans établir un dialogue direct avec les talibans. Sur place, les hommes du RAID entrent en contact avec les autorités talibanes locales. Après avoir identifié un responsable opérationnel fiable, ils parviennent à établir un canal de discussion pragmatique, indispensable pour éviter une confrontation armée à l'un des multiples check-points talibans disséminés sur l'itinéraire prévu. Les talibans acceptent finalement de laisser passer le convoi en sécurité, jusqu'à l'aéroport.

Dans la nuit, le convoi se met en route. Des véhicules blindés du RAID ouvrent la voie, suivis de bus sécurisés remplis de ressortissants français et de centaines d'Afghans terrorisés, pour qui cette traversée représente leur seule chance de survie.

À chaque check-point taliban, les hommes du RAID, en première ligne, savent que leur vie peut basculer à tout moment. Une mauvaise interprétation, un malentendu ou une décision imprévisible des combattants sur place, et c'est tout le convoi qui pourrait sombrer dans l'horreur. La tension est extrême, mais les policiers du RAID gardent leur sang-froid, adoptent une posture ferme mais calme à chaque arrêt forcé. En tête du dispositif, directement exposé au contact avec les talibans, se trouve un policier du RAID dont le père, policier du RAID lui aussi, est mort en service. Comme son père avant lui, il a choisi la voie exigeante du RAID. Courageux et déterminé, fidèle à l'héritage familial, il ne recule devant aucun danger et court, sans la moindre hésitation, les plus grands risques pour protéger ceux qui lui sont confiés.

Après cinq kilomètres interminables, le convoi atteint enfin l'aéroport de Kaboul, où les Forces spéciales françaises ont établi un périmètre sécurisé. Les centaines d'évacués embarquent ensuite à bord d'avions militaires français, en direction de Paris.

En France, Jean-Baptiste Dulion, depuis la salle de crise à Bièvres, pousse un immense soupir de soulagement. Le RAID vient de réussir l'impensable : exfiltrer 350 personnes d'une capitale aux mains des talibans, escortées par seulement onze hommes, dans un environnement extrêmement hostile.

Cet exploit, dû au professionnalisme exemplaire, au courage et à la capacité d'adaptation des opérateurs du RAID, marque l'histoire de l'unité.

Après l'opération, Jean-Baptiste Dulion, profondément ému, rend hommage à ses hommes : « C'est une opération très périlleuse, dans un environnement hostile et incertain. Jusqu'au bout, nous avons tremblé pour nos hommes sur place. Leur courage, leur résilience et leur professionnalisme ont permis de réussir l'impossible. »

Cette évacuation spectaculaire restera comme l'un des moments les plus intenses et les plus réussis de l'histoire récente du RAID. Elle démontre une nouvelle fois l'engagement sans faille et les capacités exceptionnelles de cette unité d'élite face aux situations les plus critiques.

POLICE NATIONALE

RAID

CHAPITRE 9

Morts en service

Au RAID, le danger est une réalité quotidienne, jamais une abstraction. Être policier au RAID, c'est accepter d'engager sa vie pour préserver celle des autres.

Depuis la création du RAID, trois de ses policiers ont perdu la vie en opération : deux à Ris-Orangis en 1989, et un en Corse en 1996.

CHRISTIAN CARON ET FERNAND SEITHER, AOÛT 1989

Le 31 août 1989 est une date sombre dans l'histoire du RAID. Ce jour-là, en fin d'après-midi, l'unité est appelée pour une opération à haut risque à Ris-Orangis, dans l'Essonne. Gérard Marilier, ancien salarié d'IBM qui souffre de très graves troubles psychiatriques, vient de se retrancher dans son appartement après avoir tiré à bout portant sur un inspecteur de police local, Jean-Luc Grandjean, qui était venu lui notifier son internement psychiatrique. L'inspecteur est grièvement blessé au visage par une balle tirée à la carabine de grande chasse.

Les équipes du RAID arrivent rapidement sur les lieux. L'objectif est clair : interpeller ce forcené particulièrement dangereux sans que d'autres policiers soient blessés ou tués. Une stratégie précise est alors mise au point. Deux équipes doivent intervenir simultanément pour neutraliser Marilier : une première équipe entrera par la porte d'entrée blindée, en la faisant sauter à l'explosif, tandis qu'une seconde équipe entrera par une porte-fenêtre accessible depuis le balcon à l'aide d'une échelle de pompiers.

Cette opération conjointe doit créer un effet de surprise décisif afin de maîtriser rapidement l'individu retranché. Le groupe chargé d'entrer par le balcon est commandé par l'inspecteur Christian Caron, surnommé « Kiki » par ses collègues, un ancien de la BRI. Il est accompagné, notamment, du jeune sous-brigadier Fernand Seither.

Vers 22 heures, le signal de l'assaut est donné. Mais la porte d'entrée blindée, piégée avec des charges explosives, ne s'ouvre pas comme prévu. Le blindage artisanal posé par le forcené a créé un vide dans lequel les explosifs se dispersent sans parvenir à l'ouvrir. Au même moment, le groupe du balcon croit entendre le signal convenu (l'explosion) et pénètre dans l'appartement sans savoir que la deuxième équipe n'a pas pu entrer.

C'est alors que le drame survient : Gérard Marilier, embusqué derrière des meubles, ouvre le feu à bout portant avec une carabine Mauser de gros calibre sur les policiers qui viennent d'entrer par le balcon. Christian Caron et Fernand Seither sont mortellement touchés, tués sur le coup. Un troisième policier, Thierry Azzouzi, est grièvement blessé.

À ce moment-là, la situation bascule dans une confusion extrême. Les policiers restés à l'extérieur comprennent qu'un événement dramatique vient de se produire. L'équipe d'intervention principale parvient finalement, après de longues minutes d'effort, à entrer dans l'appartement. La lutte avec le forcené est âpre et acharnée : il faudra cinquante-trois minutes supplémentaires pour maîtriser Marilier, finalement interpellé après avoir été assommé avec une barre de fer. Les policiers refusent de le tuer : conformément aux valeurs du RAID, même après la tragédie, il est interpellé vivant.
Cette nuit-là, le RAID vient de perdre, pour la première fois de son histoire, deux de ses hommes en intervention. Christian Caron avait 40 ans et était père de trois enfants. Fernand Seither, quant à lui, avait 31 ans et attendait son premier enfant. Après le drame, Ange Mancini, chef historique du RAID, se retrouve confronté à la tâche la plus douloureuse qu'un commandant puisse imaginer : annoncer aux familles de ses hommes la mort de leurs proches.

Lorsqu'il arrive devant la maison des Caron, il ressent immédiatement le poids de cette annonce insoutenable. Dans la rue, les voisins ne comprennent pas tout de suite la gravité du moment. Mais Catherine, l'épouse de Christian, voit immédiatement dans le regard d'Ange Mancini que quelque chose d'irréparable s'est produit. « Certains pensaient que je venais simplement en visite amicale », raconte Ange Mancini. « Mais la femme de Kiki, elle, a tout de suite compris. Si je venais moi-même, c'était forcément grave. »
Ange Mancini prend alors Catherine à part pour lui annoncer, en choisissant ses mots avec précaution, la terrible nouvelle : son mari, Kiki, ne reviendra pas. L'épreuve est d'autant plus dure pour lui qu'il connaît bien Christian Caron et sa famille, dont il est très proche.
Malgré sa tristesse et son émotion, le chef du RAID parvient à maintenir la cohésion

de l'unité et fait montre d'une dignité et d'une force qui marquent profondément ses hommes. Dans les jours qui suivent, il tient à être présent pour les familles et leur exprime toute la reconnaissance et l'affection que l'unité porte aux disparus.
Marie Caron, la fille de Christian Caron, a 16 ans à l'époque du drame. Elle garde un souvenir précis et douloureux de ce soir tragique. Elle termine son apprentissage et attend que sa mère et sa sœur viennent la chercher. Quand elles arrivent devant chez elles, elles voient de nombreuses voitures de police garées devant leur maison. Marie ressent d'abord un étrange sentiment, mêlé d'espoir et d'inquiétude : « Nous avons d'abord pensé que mon père était rentré avec ses collègues, raconte-t-elle plus tard. Mais très vite, en voyant leurs visages graves et fermés, nous avons compris que quelque chose d'horrible s'était produit. »
Marie est immédiatement saisie par la violence de l'annonce. Un ami proche de son père s'approche alors d'elle pour lui dire avec douceur, mais gravité : « Il va falloir que tu sois très forte. »
À cet instant, l'insouciance de ses 16 ans s'effondre brutalement. Elle prend conscience, pour la première fois, des risques énormes que prenait son père à chacune de ses interventions. L'homme fort, drôle et protecteur qu'était Kiki disparaît subitement de sa vie.
Pourtant, malgré l'immense chagrin, la famille Caron ne sera jamais abandonnée. Les hommes du RAID entourent Catherine, Marie et ses deux frères avec une solidarité extraordinaire, véritable pilier pour la famille endeuillée. Chaque année, le 31 août, tous se réunissent pour honorer la mémoire de Kiki au cimetière, gardant ainsi vivant le souvenir du père, du mari et du collègue exceptionnel qu'il était.
Marie, depuis devenue adulte, restera profondément liée aux hommes du RAID, qu'elle considère comme sa seconde famille. Depuis 2016, elle est devenue la mascotte des « Dos argentés », l'association des anciens opérateurs du RAID. Chaque assemblée générale lui permet de retrouver ses souvenirs et de rendre hommage à son père disparu. Malgré les années écoulées, la fierté et l'admiration qu'elle ressent pour l'engagement de son père et de ses collègues ne se sont jamais estompées : « Leur présence me rappelle toujours mon père, explique-t-elle avec émotion. Je reste infiniment fière de ce qu'il a accompli et de ce que ses collègues continuent d'accomplir chaque jour. »
Comme sa sœur Marie, le fils de Christian Caron grandit avec l'héritage du courage paternel et la mémoire vive de ce père

victime du devoir, à Ris-Orangis, en 1989. Animé dès son enfance par un désir profond de servir et de suivre les traces paternelles, il choisit la police où il porte haut les valeurs d'engagement et d'abnégation. Avec sang-froid et humilité, il perpétue ainsi le courage de son père et prouve que, chez les Caron, l'héroïsme n'a sauté aucune génération.

Fernand Seither, quant à lui, est né le 4 avril 1958 à Schiltigheim, dans le Bas-Rhin. Venu du Groupe d'intervention de la Police nationale (GIPN) de

Strasbourg, il rejoint ensuite le RAID, où il se distingue rapidement par son engagement exemplaire et son esprit d'équipe irréprochable. Marié, il attend la naissance imminente de sa petite fille lorsqu'il tombe tragiquement en intervention le 31 août 1989, lors de l'opération à Ris-Orangis. Son sacrifice lui vaut les plus hautes distinctions de la République : cité à l'ordre de la Nation, nommé chevalier de la Légion d'honneur, promu au grade d'Officier de paix à titre posthume, il reçoit également la médaille d'or des actes de courage et de dévouement, ainsi que la médaille d'honneur de la Police nationale. En hommage à son courage exceptionnel, la 44e promotion de l'École nationale supérieure des officiers de police porte désormais fièrement son nom.

Le drame de Ris-Orangis a marqué à jamais le RAID, mais il a aussi consolidé une fraternité rare, capable de traverser toutes les épreuves. Une sorte d'hommage perpétuel à ceux qui ont sacrifié leur vie dans l'accomplissement de leur devoir et qui incarnent les valeurs fondamentales de courage, d'abnégation et de solidarité qui définissent le RAID depuis toujours.

RENÉ CANTO, AVRIL 1996

Le mardi 16 avril 1996 est l'autre date sombre du RAID. Ce jour-là, une quinzaine de policiers du RAID sont mobilisés en Corse, engagés en soutien à la Police judiciaire dans une opération sensible qui vise à interpeller des militants nationalistes impliqués dans les violentes luttes intestines de l'époque. Le contexte est explosif : en quelques années, près de quarante militants corses sont morts dans des règlements de comptes meurtriers.

Le RAID travaille ce jour-là sous commission rogatoire du juge d'instruction, dans le cadre d'une tentative d'assassinat commise le 8 mars 1996 contre Yves Manunta, militant nationaliste affilié à l'ANC (*Accolta Naziunali Corsa*). Les suspects, Jean-Luc Orsoni et Charles Santoni, membres de l'ACN (*A Cuncolta Naziunalista*), sont filés discrètement par trois véhicules banalisés de policiers en civil, dont une Renault Clio où se trouve René Canto.

Vers 19 h 15, le véhicule des suspects, une Toyota, monte le chemin de Loretto, sur les hauteurs d'Ajaccio. À cet instant précis, les policiers reçoivent l'ordre formel de procéder à leur interpellation. Mais la situation tourne brusquement au cauchemar : dans un virage, les deux malfaiteurs anticipent l'intervention des policiers et s'arrêtent soudainement. Sans hésitation, ils sortent de leur véhicule, vêtus de gilets pare-balles, armés lourdement et ouvrent immédiatement le feu sur les policiers.

Une fusillade extrêmement violente éclate en quelques secondes. René Canto, 35 ans, capitaine de police du RAID, originaire de Béziers, est à bord du véhicule de tête. Il est immédiatement atteint par trois projectiles. Touché mortellement, il s'effondre à son poste. À ses côtés, Louis Garcia, gardien de la paix, est grièvement blessé à l'abdomen. Malgré le chaos et la violence des échanges de tirs, les policiers parviennent à riposter efficacement. Le brigadier-chef Paul-André Courtine réussit à sortir de l'arrière du véhicule et neutralise Charles Santoni en lui tirant dessus. Au total, une trentaine de coups de feu retentissent en quelques secondes seulement, laissant derrière eux un spectacle dramatique.

René Canto ne survit pas à ses blessures. Celui que ses collègues surnomment affectueusement le « chevalier blanc », unanimement apprécié pour son professionnalisme, son courage, sa générosité et son humanité, vient d'être brutalement arraché à son unité.

Présent sur place, Christian Lambert, numéro deux du RAID à cette époque, se trouve confronté à une réalité qu'il avait espéré ne jamais revivre après le drame de Ris-Orangis en 1989. Profondément marqué par la disparition tragique de René Canto, il décrit cet événement comme l'un des traumatismes les plus douloureux de sa carrière : « La perte de René a été vécue comme un choc terrible, comparable à la disparition brutale d'un membre de notre propre famille. René était bien plus qu'un collègue : c'était un meneur d'hommes exceptionnel, un véritable leader de terrain. Il incarnait parfaitement les valeurs d'humanité et de rigueur du RAID. Il était une de ces rares personnes capables de galvaniser les hommes par sa seule présence. Sa disparition a été un coup très dur, mais elle nous a aussi rappelé combien notre mission était difficile, dangereuse, mais essentielle. René restera toujours l'un des plus grands d'entre nous. »
Christian Lambert se souvient particulièrement de l'annonce terrible qu'il a dû faire aux membres du RAID restés en métropole. Annoncer la mort d'un collègue est une tâche qui marque durablement celui qui doit en porter la responsabilité : « Lorsqu'il faut annoncer la mort d'un homme comme René à ses collègues, c'est comme leur annoncer la mort d'un frère. Chacun d'entre nous ressent un vide immense. René était de ces hommes qu'on pensait invulnérables, tant sa fiabilité et sa force semblaient hors du commun. »

Deux jours plus tard, le jeudi 18 avril 1996, une cérémonie solennelle et émouvante est organisée en hommage au capitaine René Canto à l'aéroport de Campo Dell'Oro, en présence de nombreux officiels et de ses collègues, profondément affectés par cette perte irréparable. René Canto sera élevé à titre posthume au rang de chevalier de la Légion d'honneur et cité à l'ordre de la Nation. Il repose désormais au cimetière de Béziers.

René Canto a laissé une empreinte indélébile dans l'histoire du RAID. Sa disparition a profondément marqué non seulement ses collègues, mais aussi l'ensemble des forces de sécurité françaises. René Canto représentait l'essence même du policier d'élite : courageux, profondément humain, exemplaire dans l'action et généreux envers les siens.

Au sein du RAID, la mémoire de René Canto est toujours vivante. Chaque année, lors des commémorations et des rassemblements, la figure de René Canto reste présente, honorée et célébrée par ses frères d'armes. Son exemple sert de référence pour les nouvelles générations d'opérateurs du RAID qui découvrent son histoire. Comme Christian Caron et Fernand Seither avant lui, René Canto incarne le sens profond du devoir et du sacrifice.

Ainsi, au-delà du drame, demeure le souvenir d'un homme exceptionnel dont la bravoure et l'intégrité resteront à jamais des exemples pour tous ceux qui ont eu l'honneur de le connaître.

POLICE NATIONALE

RAID

CHAPITRE 10

Le rayonnement du RAID

En 2024, le RAID a contribué à la protection des Jeux Olympiques de Paris.
Dans l'ombre des médaillés, ces athlètes d'un autre genre ont permis une victoire tout aussi essentielle : celle de notre sécurité.

Ils sont connus du grand public pour leurs interventions d'urgence spectaculaires, mais l'impact du RAID dépasse largement les frontières de leurs missions classiques. Entre protection rapprochée de personnalités sensibles, sécurisation d'événements internationaux prestigieux, et rayonnement culturel, cette unité d'élite fait figure de véritable ambassadeur de la Police nationale, en France comme à l'étranger.

Dès sa création, le RAID a vu son rôle dépasser le cadre strict des interventions pour s'étendre à des missions de protection particulièrement sensibles. L'un des exemples emblématiques reste la protection de l'écrivain britannique Salman Rushdie, menacé de mort par une *fatwa* lancée par l'ayatollah Khomeini dès 1989. Pendant plusieurs années, les opérateurs du RAID assureront discrètement mais efficacement sa sécurité rapprochée lors de ses déplacements en France.

Salman Rushdie sous protection.

Cette expertise en matière de protection rapprochée conduit le RAID à assurer des missions aussi diverses que sensibles. En novembre 1997, l'unité est ainsi chargée simultanément d'assurer la sécurité du pape Jean-Paul II lors de sa visite en France, et celle de Maurice Papon, ancien préfet alors poursuivi pour crimes contre l'humanité commis sous l'Occupation. Deux missions radicalement opposées, mais qui exigent toutes deux une maîtrise absolue des techniques de protection rapprochée.

Depuis lors, les policiers du RAID sécurisent aussi régulièrement les ambassades de France à l'étranger, notamment dans les contextes les plus sensibles, comme à Kaboul, où leurs compétences ont été largement mises à contribution en 2021.

La réputation du RAID en matière de sécurisation d'événements majeurs n'est plus à faire. En 1998, la France accueille la Coupe du monde de football : le RAID se voit alors confier la sécurité rapprochée de l'équipe de France, tandis que le GIGN prend en charge celle du Brésil. Cette opération reste gravée dans la mémoire collective, marquée par la victoire historique des Bleus.

Le RAID est aussi en première ligne lors des grands rendez-vous internationaux. En juin 2003, l'unité sécurise, aux côtés du GIGN, le sommet du G8 à Évian. L'année suivante, le RAID se mobilise à nouveau avec la même unité pour les cérémonies du 60e anniversaire du Débarquement en Normandie. Dix ans plus tard, en 2014, le RAID sera encore présent en Normandie et en Provence pour le 70e anniversaire. À Colleville-sur-Mer, il assure la sécurité de la cérémonie franco-américaine, tandis qu'à Ouistreham, il protège le président russe Vladimir Poutine.

Le rayonnement du RAID ne se limite pas au territoire national : l'unité intervient régulièrement au-delà des frontières françaises pour sécuriser les grands événements internationaux. Dès 2003, le RAID commence à préparer un dispositif inédit pour assurer la protection des athlètes français aux Jeux olympiques d'Athènes en 2004.

Sous l'impulsion de Christian Lambert, Jean-Louis Fiamenghi et Philippe Gosselin, une série de missions de reconnaissance est réalisée en coordination étroite avec David Scully, attaché de sécurité intérieure en Grèce. Le ministre des Sports de l'époque, Jean-François Lamour, accompagné de Jérôme Rouillaud, membre de son cabinet, et Jean-Michel Brun, chef de la délégation olympique française, participent activement à ces préparatifs d'envergure.

À Athènes, Philippe Gosselin pilote une équipe de dix-huit opérateurs du RAID chargée d'assurer la sécurité permanente des sportifs français sur tous leurs lieux d'hébergement : le bateau de croisière amarré dans le port du Pirée, les villas des équipes équestres, ou encore celles des champions français de judo. Durant toute la durée des Jeux, le RAID assure également la sécurité renforcée des nombreux événements organisés au Club France, particulièrement exposé aux risques d'attaques terroristes dans un contexte marqué par la guerre en Irak et les menaces d'extrémistes grecs.

Ce dispositif, inédit à l'époque, sera reconduit dès la fin août 2004 pour les Jeux paralympiques, puis systématisé à l'occasion des déplacements sportifs sensibles. Le RAID est ainsi engagé à Almeria en Espagne pour la 15e édition des Jeux méditerranéens en 2005, puis à Niamey, au Niger, pour la 5e édition des Jeux de la Francophonie la même année. Lors de ces derniers, l'action des opérateurs du RAID permettra d'éviter une attaque dirigée contre les intérêts français, notamment contre l'avion chargé de rapatrier la délégation. Un dispositif exceptionnel est alors mis en place, avec notamment des équipes cynophiles spécialisées dans la détection d'explosifs à l'aéroport.

Fort de ces expériences successives, le RAID intervient encore en février 2006 aux Jeux olympiques d'hiver de Turin, consolidant durablement son rôle auprès du Comité national olympique et sportif français et du ministère des Sports. Aujourd'hui, il est devenu impensable qu'une délégation sportive française de haut niveau se déplace à l'étranger sans le soutien opérationnel de l'unité.

Dernière illustration en date : lors de la Coupe du monde de rugby 2023 puis des Jeux olympiques de Paris 2024, le RAID s'affirme une fois de plus comme un acteur incontournable du dispositif sécuritaire français.

De même, le RAID entretient des partenariats étroits avec de nombreuses unités d'intervention étrangères, partageant avec elles savoir-faire, expertise technique et valeurs humaines. Ces échanges réguliers renforcent les liens internationaux, tout en assurant une formation continue au plus haut niveau pour les policiers français.

Preuve ultime de sa popularité et de sa reconnaissance, le RAID s'est imposé dans l'imaginaire populaire à travers le cinéma. En 2017, le réalisateur Dany Boon sort le film *Raid Dingue*, comédie mettant en scène une jeune policière maladroite incarnée par Alice Pol, qui rêve d'intégrer cette prestigieuse unité. Ce film rencontre un certain succès populaire, au point que Dany Boon reçoit le tout premier César du public de l'histoire du cinéma français. En 2018, le RAID est à nouveau mis à l'honneur, cette fois-ci à Hollywood, dans *Mission Impossible : Fallout*. Dans ce blockbuster international, les opérateurs du RAID apparaissent comme les protecteurs d'un dangereux criminel, Solomon Lane, dans une spectaculaire scène d'évasion orchestrée par Tom Cruise dans les rues de Paris.

En 2025, le RAID est mis à l'honneur dans le film *13 jours, 13 nuits*, une immersion captivante dans l'enfer de Kaboul, en août 2021. Au cœur du chaos, le commandant Mohamed Bida et les hommes du RAID organisent l'évacuation d'urgence de milliers de réfugiés vers l'aéroport. Succès du cinéma français, le filme montre cette course contre la montre haletante et rend hommage au courage, au sang-froid et à l'humanité des policiers du RAID face à l'extrême.

Enfin, le RAID bénéfice d'un très fort rayonnement à l'étranger, aussi bien au niveau de la coopération internationale, par des actions de formations sur les cinq continents, que sur le plan des échanges que l'unité entretient avec les différentes unités d'interventions spécialisées au niveau mondial. Le RAID est très sollicité pour ses retours d'expérience, en particulier à la suite des attentats terroristes de 2015 et 2016, et des Jeux olympiques de Paris 2024.

Chaque année, la Direction de la coopération internationale et de la Sécurité (DCIS) du ministère de l'Intérieur sollicite le RAID pour former une cinquantaine d'unités à travers le monde, tant dans le domaine de l'intervention que de la gestion de crise et de la négociation. Par ailleurs, le RAID participe activement à la lutte contre le terrorisme en Afrique, par son implication et ses formations de haut niveau en Côte-d'Ivoire, dans le cadre de l'Académie Internationale de Lutte Contre le Terrorisme (AILCT).
De même, le RAID est régulièrement invité à différentes conférences internationales de haut niveau, telles que, récemment, la conférence sur le contre-terrorisme en Corée du Sud ou la conférence sur la négociation à New York...
Membre actif et fondateur du réseau ATLAS, qui regroupe les unités d'intervention spécialisée des 27 pays de l'Union européenne, le RAID participe et anime de nombreux échanges tactiques et techniques à travers l'Europe, dans toutes les spécialités relatives à l'intervention. Outre les entraînements communs, le réseau ATLAS permet l'échange et le prêt de matériel entre les différentes unités. Le RAID a ainsi pu bénéficier, durant les Jeux olympiques de Paris 2024, de quatre embarcations d'assaut qui provenaient de différents pays européens.
Enfin, depuis sa création, le RAID entretient un partenariat et des échanges bilatéraux avec certaines unités d'élite américaines, comme le HRT (Hostage rescue service) du FBI et le Secret Service, notamment à l'occasion des déplacements du président américain en France, ainsi que récemment avec le SEAL Team Six. Une relation historique a été nouée avec les SAS britanniques, ainsi qu'avec l'unité d'intervention israélienne YAMAM.

RAID
RAID
AC07

POLICE NATIONALE

RAID

CHAPITRE 11

Photo de famille

La force d'un opérateur du RAID ne réside pas seulement dans ses capacités physiques ou techniques. Elle tient aussi à son équilibre familial et émotionnel. C'est au sein de leurs familles que ces policiers d'élite puisent leur stabilité, essentielle dans les moments les plus difficiles.

Être opérateur au RAID implique bien plus qu'un engagement individuel. Derrière chaque homme et femme d'intervention, une famille entière porte, à sa manière, une part de cette responsabilité si particulière. Depuis la création du RAID il y a quarante ans, la place accordée à la famille des policiers a profondément évolué, devenant un élément-clé dans l'équilibre quotidien et opérationnel des équipes.

Au lancement de l'unité, en 1985, intégrer le RAID nécessitait un accord profond et explicite du conjoint. « À cette époque, la famille devait absolument comprendre et accepter pleinement l'engagement de l'opérateur », souligne Ange Mancini. Ce consensus familial n'était pas une simple formalité, mais une nécessité, car la sérénité à la maison était indissociable de la stabilité sur le terrain.

Aujourd'hui encore, les personnels du RAID ne résident pas dans la base opérationnelle de Bièvres, mais rentrent chaque soir auprès de leurs proches. « C'est un point absolument vital pour l'équilibre mental et émotionnel des opérateurs », poursuit Ange Mancini. Le retour quotidien auprès des leurs permet aux policiers d'élite de trouver la force de faire face aux situations les plus critiques.

La famille des opérateurs du RAID fait partie intégrante de ce que tous appellent avec respect la « grande famille RAID ». L'unité sait bien que lorsque l'opérateur part en intervention, une famille entière le suit à distance, suspendue aux nouvelles. L'angoisse des proches devient parfois palpable lors des interventions retransmises à la télévision. À chaque opération médiatique, la tension monte d'un cran, les proches attendent anxieusement un appel ou un message. « On doit être capables de rassurer nos familles, de leur téléphoner dès que possible pour leur donner des nouvelles », raconte un ancien chef de groupe.

Pour répondre à ces inquiétudes légitimes, l'unité a développé une véritable culture de la transparence. Les conjoints et les conjointes savent exactement à qui s'adresser au sein de l'unité en cas de besoin. La solidarité interne, très forte, joue pleinement son rôle. Pour consolider ces liens, le RAID organise tout au long de l'année plusieurs événements festifs et familiaux très attendus. Parmi eux, le fameux tournoi annuel de rugby, où policiers, conjoints, conjointes et enfants se réunissent autour du ballon ovale pour une compétition amicale suivie d'un barbecue convivial.

La journée familiale annuelle est une autre tradition majeure du RAID. Ce jour-là, les portes de la base de Bièvres s'ouvrent aux familles, offrant une rare occasion aux enfants de découvrir de près le métier extraordinaire de leur parent. « Les enfants visitent les installations, montent dans les véhicules blindés, essaient les équipements et voient où travaille papa ou maman au quotidien. Ça les aide à comprendre ce métier si particulier », raconte un opérateur.

Certains découvrent avec émerveillement le mur d'escalade, d'autres sont impressionnés devant les démonstrations cynotechniques ou les simulations d'interventions tactiques. Lorsqu'ils découvrent le cadre de travail de leur parent, les enfants comprennent mieux pourquoi leur père ou leur mère s'absente souvent, pourquoi ils reviennent parfois si fatigués, mais aussi pourquoi ils parlent avec tant de respect de leurs collègues. « Après chaque journée portes ouvertes, les enfants sont incroyablement fiers. Ce sentiment est une vraie récompense », confie une épouse de policier du RAID.

La présence des familles constitue ainsi un pilier majeur dans la cohésion de l'unité. En intégrant pleinement les conjoints et les enfants dans sa vie collective, le RAID a su créer une véritable dynamique d'équipe, essentielle pour la stabilité émotionnelle et professionnelle des opérateurs. Aujourd'hui, personne au RAID n'imaginerait faire autrement.

Au fond, le RAID, c'est bien plus qu'une unité d'intervention, c'est une grande famille élargie, solidaire, qui partage chaque moment, chaque réussite et chaque difficulté. Une famille forte, unie et prête à affronter ensemble les défis, toujours avec la même détermination.

A09
RAID

POLICE NATIONALE

RAID

CONCLUSION

RENDEZ-VOUS DANS DIX ANS

Après quarante ans d'histoire, d'engagement et de sacrifices, le RAID s'est imposé comme une référence absolue, comme le dernier rempart face aux crises extrêmes. Mais ce livre anniversaire ne clôt pas une aventure de 40 ans. Bien au contraire, il est résolument tourné vers l'avenir, car l'histoire du RAID est un objet vivant. À chaque départ du groupe d'alerte, à chaque opération, à chaque mission accomplie, le RAID écrit un nouveau chapitre de son histoire.

Dans dix ans, le RAID aura 50 ans. Une décennie, cela paraît court à l'échelle d'une nation, mais dans l'univers de la gestion de crises, c'est une éternité. Alors que réserve le futur ? Quels scénarios encore inconnus seront à l'origine des crises qu'auront à affronter les hommes et les femmes du RAID à l'horizon 2035 ?

Demain, les crises seront toujours plus imprévisibles. Le terrorisme se métamorphosera encore, réticulaire, d'atmosphère, hybride, rajeuni, prêt à surgir là où personne ne l'attend. Les cyber-attaques paralysantes, le retour des enlèvements contre rançons, le recours accru aux drones, les violences urbaines assorties de pillages, la France qui dégoupille… Les prochains chocs que devra encaisser le RAID exigeront des stratégies toujours plus fines, des compétences technologiques de pointe, et un sang-froid hors du commun. Au fond, pour le RAID, la seule certitude, c'est l'incertitude.

Mais, dans ce brouillard permanent, une vérité demeure : quand l'orage grondera, le RAID répondra présent. Car, ce qui ne change pas en 40 ans, ce sont les valeurs, les traditions et les exigences. L'exigence dans la sélection drastique des futurs membres. L'exigence dans l'entraînement du quotidien. L'exigence dans la solidarité. Cette somme d'exigences qui conduisent à l'excellence, celle-là même qui permet de se surpasser face à l'impensable et à l'impossible.

Quand tout ira mal, quand la République sera en péril, quand l'urgence sera absolue, quand la France retiendra son souffle, les regards se tourneront vers le RAID.

Et ses fondations indestructibles, bâties au fil des opérations passées, parfois douloureuses, souvent héroïques et toujours marquantes, permettront aux générations futures d'opérateurs du RAID d'affronter l'inconnu avec une

détermination intacte. Les visages de ceux qui ne sont plus là demeurent gravés dans les mémoires et nourrissent l'engagement de ceux qui restent.
Alors oui, le RAID est prêt pour demain. Car il l'a toujours été.
Rendez-vous dans dix ans. Pour un demi-siècle d'existence et autant d'exploits. Face à la crise, le RAID sera là. Toujours. Servir sans faillir.

REMERCIEMENTS

Ce livre anniversaire des 40 ans du RAID n'aurait jamais vu le jour sans la confiance initiale et le soutien constant d'Ange Mancini, père fondateur du RAID, qui m'a fait l'honneur de me confier la réalisation de ce projet, unique à l'échelle d'une vie. Son regard bienveillant, ses anecdotes savoureuses et son humour sans égal m'ont accompagné tout au long de l'écriture.

Je remercie chaleureusement Jean-Louis Fiamenghi, dont l'engagement sans faille depuis la première heure, la disponibilité permanente et les conseils avisés ont rythmé chaque étape de ce travail.

Merci à Joe Slockyj ainsi qu'à tous les Dos argentés, mémoire vivante du RAID, qui ont accepté de revivre leur histoire avec générosité, émotion et humour, en se prêtant avec patience au jeu des interviews.

Un immense merci à tous les chefs successifs du RAID pour leurs témoignages si riches, et particulièrement à Jean-Baptiste Dulion, dont l'aide fut décisive pour organiser les échanges avec de nombreux opérateurs restés anonymes pour des raisons que le lecteur comprendra. Sa présence constante, sa rigueur dans les relectures et sa générosité ont été essentielles pour que ce livre restitue fidèlement l'âme du RAID.

Toute ma gratitude va également à Guillaume Cardy, actuel chef du RAID, pour avoir ouvert grandes les portes de l'unité et facilité mon immersion dans cet univers fascinant et attaché à sa discrétion.

Je remercie aussi très sincèrement Philippe Gosselin et Joël Terry, L2 et L3, comme on dit à Bièvres, dont la relecture technique et extrêmement minutieuse ainsi que les conseils avisés ont enrichi considérablement cet ouvrage.

Un grand merci à Cindy Vuillemin, responsable communication du RAID, pour son précieux travail sur les illustrations qui donnent corps à ces récits.

Je tiens à adresser également mes plus vifs remerciements à Sandrine Sarfati, qui a généreusement fourni de magnifiques photographies d'illustration contribuant à rendre ce livre encore plus vivant. Merci également à l'ambassadeur David Martinon qui a accepté de partager des photographies exceptionnelles de l'opération à Kaboul, issues de sa collection personnelle.

Enfin, un merci tout particulier à Victoria Peresse, dont l'implication, la rigueur, et le sens du détail ont été indispensables tout au long de ce projet. Sa présence et son aide précieuse m'ont permis de mener à bien cette belle aventure éditoriale.

À tous, merci. Ce livre est celui du RAID et par conséquent, c'est aussi le vôtre.

TABLE DES ILLUSTRATIONS

DP. 11 : DGPN-SICoP/S.Sarfati ; p. 12 et 16 : DR ; p. 17 : collection privée de Joe Slockyj ; p. 20, gauche : DR ; p. 23, gauche : collection privée de Philippe Gosselin ; droite : © Communication RAID ; p. 24, gauche : DR ; droite : © Communication RAID, p. 25, haut et bas : © Communication RAID ; p. 26 : collection personnelle de Jean-Louis Fiamenghi ; p. 27 : © Communication RAID ; p. 30 : communication DDSP 13 ; p. 32 et 33, © A. Marchi ; p. 38, 40, 42, 43 : © Communication RAID ; p. 46 : © Thomas Muselet ; p. 48, gauche : DGPN-SICop/S.Sarfati ; p. 48, droite : © Communication RAID ; p. 50, gauche et droite : DGPN-SICop/S.Sarfati ; p. 53, gauche :© Communication RAID ; p. 53, droite : DGPN-SICop/S.Sarfati ; p. 55, gauche et droite : DGPN-SICoP/S.Sarfati ; p. 57, gauche : © Communication RAID ; p. 57, droite : collection privée de Philippe Gosselin ; p. 60, gauche et droite : © Ministère de l'Intérieur/J.Rocha ; p. 62, gauche : DGPN/SICoP/B. Di Giovanni ; p. 62, droite : © Communication RAID ; p. 63, 66, 69, 70, 71, 72 : © Communication RAID; p. 73 à gauche : © Communication RAID ; p. 73, à droite : DGPN/SICoP/P.Daurios ; p. 76, 78, 79, 80, 81 : © Communication RAID ; p. 85 : DGPN-SICoP/S.Sarfati ; p. 87 : DR ; p. 88, gauche : collection personnelle de Christian Zerbi ; p. 88, droite : collection personnelle de Jean-Gustave Paulmier ; p. 90 : DGPN-SICoP/S.Sarfati ; p. 93 : Collection personnelle de Jean-Louis Fiamenghi ; p. 95 : DR ; p. 98 : DR ; p. 101 : DGPN-SICoP/S.Sarfati ; p. 103 : DGPN-SICoP/S.Sarfati ; p. 109 et 111 : collection personnelle de Joe Slockyj ; p. 112 collection personnelle de Jean-Jacques Hervé ; p. 114 : collection personnelle de Robert Paturel ; p. 116 collection personnelle de Bruno Pomart ; p. 118 : collection personnelle de « Ben » ; p. 120 : collection personnelle de Tatiana Brillant ; p. 122 : DGPN-SICoP/S. Sarfati ; p. 128 : © Vincent Leloup ; p. 133, haut : © AGIP/Bridgeman Images ; p. 133, bas : DR ; p. 137, © Emmanuel Ortiz ; p. 139, gauche et droite : © REUTERS/Pascal Rossignol/Bridgeman Images ; p. 142 : collection personnelle de Jean-Louis Fiamenghi ; p. 144 : Ministère de l'Intérieur ; p. 145, en haut et en bas : collection personnelle de Jean-Louis Fiamenghi ; centre : DR ; p. 146 : © RAID ; p. 148 ; © RAID, p. 149, gauche et droite : © RAID ; p. 151 : Ministère de l'Intérieur/A. LEJEUNE ; p. 152, gauche et droite : Ministère de l'Intérieur/A. LEJEUNE ; p. 153 et 155 : © Ministère de l'Intérieur/F.PELLIER ; p. 160, gauche et droite : collection personnelle de David Martinon ; p. 161 : DGPN SICOP/B.Di Giovanni ; p. 166, 168, 170 : © RAID ; p. 174 : © Communication RAID p. 175 : collection de l'association des Dos argentés ; p. 179 : © Communication RAID ; p. 182, gauche et droite : © RAID ; p. 185 : DGPN-SICoP/S.Sarfati.

TABLE

Avant-propos 9
Introduction – Ils ont créé le RAID 13
Bièvres, le quartier général 19
Les antennes RAID 29
Les spécialités du RAID 35
Les équipements du RAID 65
À l'épreuve de la sélection 75
Ils ont été chefs du RAID 83
Dos argentés 107
10 interventions qui ont fait l'histoire 127
Morts en service 165
Le rayonnement du RAID 175
Photo de famille 181
Conclusion – Rendez-vous dans dix ans 187
Remerciements 189

La maison d'édition et l'auteur remercient tout particulièrement la Direction de la communication du ministère de l'Intérieur (DICOM), le Service d'information et de communication de la Police nationale (SICOP) et la cellule communication du RAID pour avoir gracieusement fourni une grande partie de l'iconographie de cet ouvrage.

Achevé d'imprimer par
Centro Grafico Ganboa,
en septembre 2025
Dépôt légal : octobre 2025
Imprimé en Espagne

Inhalt

I Herkunft
Vorgeschichte 11
Familienalbum 20
Lehr- und Wanderjahre 41

II Verlust
Kriegsausbruch 83
Stalingrad 127
Gefangenschaft 140

III Rückkehr in ein fremdes Land
Anfänge in Weimar 171
Flucht in den Westen 186

IV Freundschaften über die Grenzen
Anregungen erwünscht 197
Mit polnischen Dichtern unterwegs 217

V Wege nach Europa
Östliches Gelände 285
Darmstadt, Mathildenhöhe 310
Hotel Polonia 336

VI Zurück an die Quelle
Vaterland der Seele 357

Anhang

Textnachweis 373
Bildnachweis 375
Register 376